JN094234

地形でとらえる

環境と暮らし

西城 潔・藤本 潔・黒木貴一・
小岩直人・楮原京子　著

古今書院

信濃川・中津川合流部付近の河岸段丘（西城撮影）
宮城県大松沢丘陵の谷頭凹地（西城撮影）
熊本地震で被害を受けた益城町の家屋（黒木撮影）

Geomorphological Understanding of Regions and Human Activity

Kiyoshi SAIJO, Kiyoshi FUJIMOTO, Takahito KUROKI,
Naoto KOIWA, Kyoko KAGOHARA

Kokon Shoin Ltd., Tokyo, 2020

まえがき：　なぜ「地形でとらえる」か？

　本書は，地域における人の暮らしやそれをとり巻く環境に，地形から迫ることをねらいとしています．普通に考えれば，人の暮らしを理解しようとするなら，人口・産業・文化・歴史といった地域の人文社会的な面に注目するところでしょう．自然環境に注目するとしても，「まず目をつけるべきは，地形ではなく気候や植生なのでは？」と感じる人が多いかもしれません．しかし本書では，あえて**地形を通して地域の環境や人の暮らしをとらえる**という視点を提示してみたいと思います．

　皆さんご存知のように，天体としての地球は丸い形をしています．でも人間の感覚からすれば，地球表面は決してツルっとした球面をなしているわけではありませんね．山あり谷あり平地ありとさまざまなかたちをしていて，それらを総称して私たちは地形と呼んでいます．そしていうまでもなく，あらゆる地域の環境や人の暮らしは，そんな地形の上に展開しているのです．つまり地形は，それらにとっての舞台装置のようなものといえるのではないでしょうか．

　とすれば，地域や人のあり方と舞台装置との間には，いろいろなつながり（関係性）があるはずです．たとえば家を建てる場合，まっ平らな土地（舞台）なら整地の必要はないかもしれませんが，斜面であれば傾斜をならさなくてはなりません．地盤が硬いか軟らかいかなどの条件を考慮することも大切でしょう．作物を育てるにしても，土地の傾斜や土壌，水が得やすいか否かなど，地形とかかわりの深い項目について考慮し，適切な方法（農法）を選ぶに違いありません．このように，暮らしたり社会を築いたりしていくうえで，人は地形から影響を受けたりその特性を理解して適切な行動を選択したり，つまり地形との間になんらかの「つながり」をもっているはずなのです．そのつながりを手がかりに，地域の環境や人の暮らしの特徴をとらえていこうというのが，この本のめざすところです．

　こうした考えから，以下，人の主たる居住域である低地・台地・丘陵を対象に，地形のでき方，地形と地域の環境，人の暮らしとのつながりについて解説していきます．また変動帯に多くの人が住むという日本列島の特性を考慮し，火山地形と変動地形にも焦点を当てました．説明には，概論的・一般的内容だけでなく，特定地域の事例紹介を盛り込むことにしました．そこでは，具体的にどのような資料を使って調べていくかも例示していますので，皆さんが興味をもつ個別の地域について調査する際，参考にしてみてください．

　本書は，地理学を専門とはしていない大学生向けのテキストを想定して編集しています．必ずしも1回ごとの授業内容に対応した構成にはなっていませんが，大学の授業半期分くらいの材料は確保できるように仕上げたつもりです．しかし大学の授業で使うということにとらわれず，興味あるテーマを拾い読みしていただいて構いませんし，小中高の先生方や行政関係者，一般の地理愛好家など，大学生以外の方々にも，ぜひ本書を手に取っていただければと考えています．

　なお人の暮らしをとらえるという観点，および大学の授業半期分程度の分量という制約から，日本の国土面積の大部分を占める山地（火山以外）は扱うことができませんでした．災害などのテーマに偏りがちかもしれませんし，国外の事例が少ないことを物足りなく思われる読者もおられることでしょう．しかし本書で提示する視点を援用していただければ，本書で扱えなかった地形やテーマについても，**皆さん自身で「とらえる」**ことが，きっとできると思います．本書がその一助となれば幸いです．

著者を代表して　　西城 潔

目　次

目次掲載写真：木曽三川（藤本撮影），北前船で栄えた町鰺ヶ沢の海岸段丘（小岩撮影），
首都圏郊外の狭山丘陵（黒木撮影），磐梯猫魔火山と猪苗代湖（黒木撮影）
福島県浜通りの地震で生じたいわき市の地表地震断層（楮原撮影）

序章 「地形でとらえる」ための備えとして

第1章以下で，具体的な地形とそれにかかわる地域の環境や暮らしについて話を進めていきます．その備えとして，本章では，地形の大きさと地形の形成時間について，簡単に触れておきましょう．

地形の大きさ

ひと口に地形といっても，その大きさは，巨大な大陸から風漣（ふうれん）（風によって砂の表面にできる波状の模様）や甌穴（おうけつ）（河岸などの岩盤の表面にできる円い穴）のような小規模なものまで，さまざまです．

本書では，地形と地域・人とのつながりに注目しようとしていますが，あまりに大きな地形に注目してしまうと，広い範囲のなかの多様な地域の環境や人々の暮らしぶりがみえなくなってしまうでしょう．といって，極端に小さな地形に目を奪われてしまっても，地域や人とのつながりをとらえるのが難しそうです．都市や集落，人々の生活圏などの大きさから考えると，おそらく数百 m〜数 km 程度の大きさの地形を中心に，場合によっては数十 m 規模から 10 km 以上のものも視野に入れて話を進めていくのが妥当でしょう．地図の縮尺でいえば，おおむね 1/10,000 から 1/25,000 程度の縮尺で表現される大きさの地形と理解してください．

地形の規模に関しては複数の分類案があり（熊木 1995，鈴木 1997，貝塚 1998など），それぞれで基準にもやや違いがみられますが，本書では，大まかな目安として，数 10 km 程度の広がりをもつ地形を「中地形」，数百 m から数 km 程度の広がりの地形を「小地形」，それより小規模なものを「微地形」と呼ぶことにしたいと思います．図 0.1〜図 0.3 には，長野県北部から新潟県南部付近を例に，縮尺の異なる 3 枚の陰影起伏図（地理院地図より作成）を示しました．図 0.1 の地図に現れる山や平野を中地形，図 0.2 の地図でよく識別できる川沿いの階段状（ちゅう）

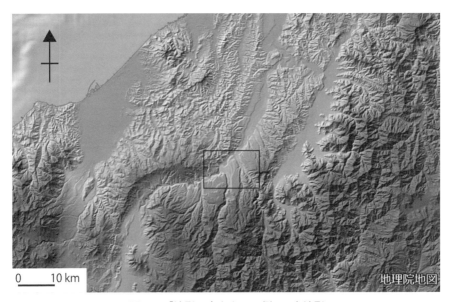

図 **0.1**　「地形の大きさ」の例 **1**　中地形

図 0.1 ～ 0.3 は地理院地図より作成. 中地形（図 0.1）内の枠は小地形（図 0.2）の範囲を, 小地形（図 0.2）内の枠は微地形（図 0.3）の範囲を示す.

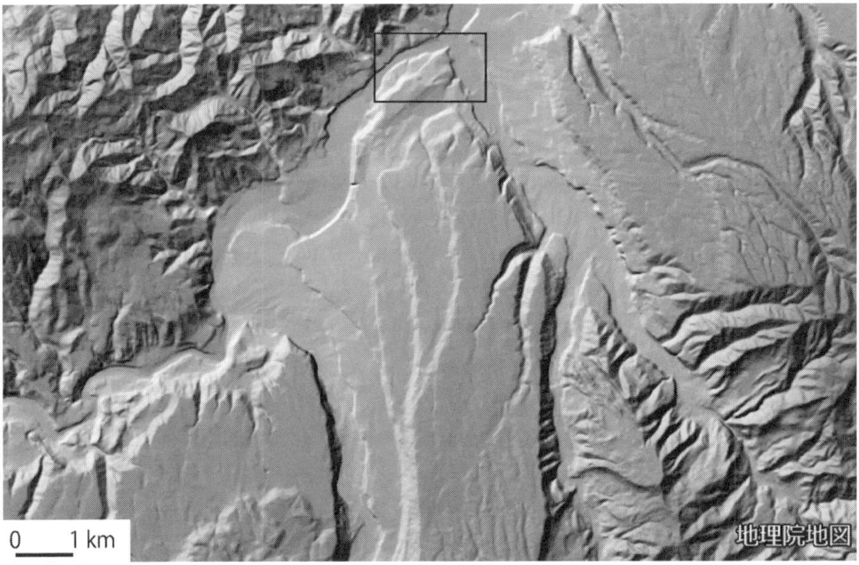

図 **0.2**　「地形の大きさ」の例 **2**　小地形

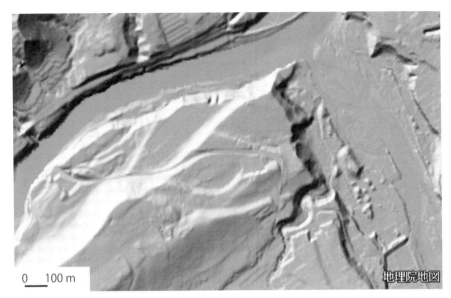

図 **0.3** 「地形の大きさ」の例 **3**　微地形

の地形（第2章で扱う河岸段丘）などを小地形，図 0.3 の地図でようやく見えて
くる小規模な地形を微地形ととらえてもらえばよいでしょう．本書の章は，中地
形を基準に設定し，それぞれを構成する小地形や微地形について触れるような構
成としてあります．

地形の形成時間

　地形の形成時間についても簡単に理解しておく必要がありそうです．「動かざ
ること山のごとし」という言葉がありますが，山といえども，長い時間のうちに
は地盤が持ち上がったり削られたりして，その形を変えつつある（動いている）
ことは，多くの人がなんとなくは理解しているに違いありません．しかし，では
どんな地形がどのくらいの時間でどのように形を変えていくのかということにな
ると，具体的に答えられる人は，なかなかいないのではないでしょうか．

　こうした問題に具体的に答えること，すなわち地形形成を歴史的観点で解明す
ることを目的とした研究分野を，「発達史地形学」（貝塚 1998）や「地形発達史論」

（鈴木 2017）と呼びます．その分野での研究成果をふまえ，例外があることを承知のうえで言い切ってしまえば，「地形規模と形成時間は比例する」，つまり，小さな地形ほど短い時間で形成され，大規模な地形ほど形成には長い時間を要するという関係があります．したがって，ある規模の地形を理解しようとするなら，意識すべき時間もおのずと限られてくることになります．

　では，本書で対象とする中地形・小地形・微地形の形成に要する時間は，具体的にどのくらいでしょうか．先に引用した地形の大きさに関するいくつかの分類案には，各地形規模に対応するおよその形成時間が示されています．それらを参考にすると，本書ではとくに 10^2（百）〜 10^5（10万）年程度の時間を意識しておく必要がありそうです．したがって各章の説明では，そのくらいの時間における海面（海水準）変動，気候変化，地殻変動など，地形とかかわりの深い環境の変化に関する話がたびたび登場します（なかには，より長い／短い時間の事例もありますが）．「地形の大きさ」に比べ，「地形の形成時間」を感覚的に理解することは難しいかもしれませんが，地形の理解には欠かせない概念ですので，少しずつ慣れていってほしいと思います．

　さあ，それでは第1章低地編から話を始めましょう．

熊木洋太 1995.「地形」とは．熊木洋太・鈴木美和子・小原　昇編著『技術者のための地形学入門』1-11. 山海堂.
貝塚爽平 1998.『発達史地形学』東京大学出版会.
鈴木隆介 1997.『建設技術者のための地形図読図入門 第1巻　読図の基礎』古今書院.
鈴木隆介 2017. 地形種の分類【規模による】．日本地形学連合編『地形の辞典』　562-563.　朝倉書店.

第 1 章

危険と隣り合わせの
人間活動の最前線

....

1. はじめに

　旧国土庁監修の『国土統計要覧』によると,日本の国土を「山地」「丘陵地」「台地」
「低地」「内水域等」に分類すると,低地が占める面積割合は国土のわずか 13.8 %
にすぎません.しかしそこは,農地や居住地として古くから開発がなされ,総人
口の約 48 %（1995 年時点）の人々が暮らしています（大友ほか 2001）.さらに
は工業用地などとしても開発が進み,人間活動の場として高度に土地利用がなさ
れているのです.一方で,低地は,洪水や津波,高潮,液状化など,さまざまな
自然災害に見舞われる可能性が高い,危険な土地でもあります.

　本章では,まず,日本で一般に「低地」と呼ばれる土地はどのような地形から
構成され,それらはどのようにつくられてきたのかを概説します.次に,土地利
用や自然災害の視点から,人間生活との関係について考えます.

2.「低地」を構成する地形

　日本の低地は,そのほとんどが河川や海の堆積作用でつくられた堆積平野です.
河川によってつくられた低地は海岸部のみならず,内陸盆地にも存在しますが,
本書では,特に沿岸域に形成された平野を中心に考えていくこととします.

　世界に目を移すと,地盤の安定した大陸には,長い歳月をかけて,さまざまな
侵食作用で起伏を減じてつくられた侵食平野も存在します.しかし,地殻変動の
激しい日本列島においてはそれを見ることはできません.

　堆積平野のうち,主として河川の堆積作用で形成された平野を「沖積平野」,
沿岸流や波浪などの海の営力でもたらされた土砂が堆積して形成された平野を
「海岸平野」と呼びます.海津（1994）は,これらを総称して「沖積低地」と呼
んでいます.本書もこれに従って,低地の地形名称を使い分けることにします.
以下の項では,沖積低地を構成する主要な地形について概説します.

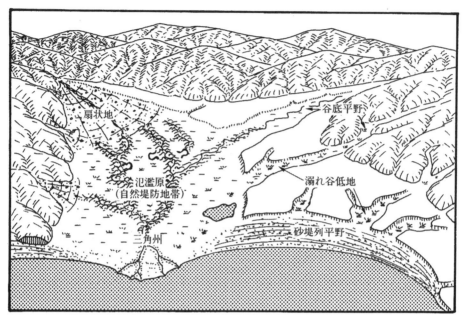

図 1-1　沖積低地の地形（模式図）
海津（1994）.

1）沖積平野

　沖積平野は一般に，内陸側から扇状地，氾濫原，三角州の三つの地形帯に区分されます（図 1-1）．以下，それぞれの地形帯に見られる微地形と堆積物の特徴について解説します．

【扇状地】　扇状地は河川が山地から平野に流れ出た場所に形成される，扇型の形態をもつ砂礫堆積地形です．図 1-2 に琵琶湖北西岸に流入する百瀬川によって形成された典型的な扇状地の一例を示します．谷口付近の扇の要に当たる部分を扇頂，中央部を扇央，末端部を扇端と呼びます．扇央部では河川は伏流し，平常時の河道が水無川となる場合もあります．扇端部では伏流水が湧き出す湧水帯が形成されます．一般に，扇状地を形成する河川は土砂供給量が多いため，河道を堤防で護岸すると，河床の堆積が進み，周りの地形面より河床が高くなることがあります．これを天井川と呼びます．そのような場所では橋を架けるよりトンネルで潜り抜ける方が合理的な場合もあるのです（図 1-2 下）．

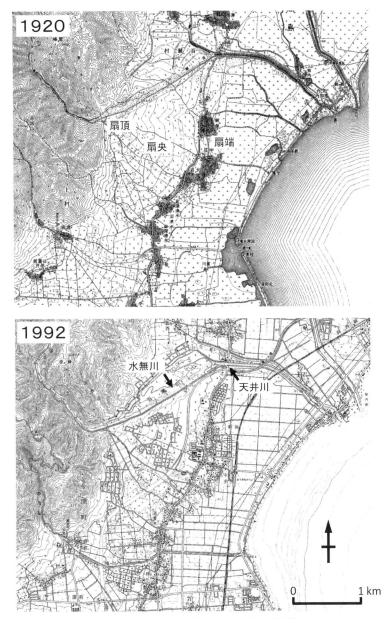

図 1-2　琵琶湖北西岸の百瀬川扇状地
国土地理院発行 1/25,000 地形図「海津」図幅（上：1920 年測量，下：1992 年修正，1999 年部分修正）の一部を使用.

4

【氾濫原】　扇状地の下流側には氾濫原が広がります（図 1-1）．氾濫原は扇状地よりも地形勾配が緩やかで，河川は蛇行することが一般的です．氾濫原上では河川が氾濫を繰り返すうちに河道沿いに粗粒な砂質堆積物が堆積して微高地がつくられます．これを自然堤防と呼びます．自然堤防の背後には，相対的に地盤高が低く，粘土などの細粒物質が堆積する後背湿地が形成されます．ここは水はけが悪いため植物遺体の分解速度が遅く，泥炭地となることもあります．蛇行河川は次第に屈曲度が増し，蛇行部分の根元が切断され，元の河道が三日月状に取り残されることがあります．これを河跡湖，またはその形状から三日月湖と呼びます．近年では洪水防止のために河道の直線化工事が進められ，人工的に三日月湖や旧河道がつくられることもあります．また，河道沿いで堆積が進むと，洪水に伴い，河川全体が低い場所に流路をシフトさせます．こうして，氾濫原上には多数の旧河道が生じると共に，それらに沿って形成されていた自然堤防が微高地として取り残されるのです．図 1-3 に旧河道と自然堤防が多数みられる天竜川の氾濫原上の微地形分類図を示します．

図 1-3　氾濫原上の微地形

国土地理院発行 1/25,000 治水地形分類図「磐田」図幅（2013 年 3 月作成）の一部を使用．
カバー裏表紙の折り返しのカラー図も参照．

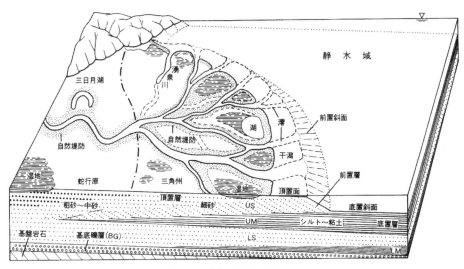

図 1-4　三角州の模式図

US：上部砂層，UM：上部泥層，LS：下部砂層，LM：下部泥層.
鈴木（1998）．図中の「蛇行原」は鈴木（1998）による呼称で，本書の「氾濫原」と同義.

【三角州】　氾濫原の下流側で，河川が海に流れ出るところには三角州（デルタ）が形成されます（図 1-1）．図 1-4 に三角州の模式図（鈴木 1998）を示します．三角州では河川は分流し，多数の島状の低平な土地が形成されます．河道沿いには自然堤防が形成され，その背後は低湿な後背湿地となります．海側前縁部には，満潮時には海水に覆われ，干潮時には陸化する干潟が広がります．三角州は河川からもたらされる土砂が前面に堆積することで海側に徐々に前進していきますが，一定の位置まで前進すると，堆積土砂量と波浪や沿岸流による侵食・運搬量が均衡状態に達し，前進が停止することとなります．海側最前線の砂質堆積物からなる相対的に傾斜が急な斜面を前置斜面，前置斜面に堆積した砂層を前置層，前置斜面の海側に広がるシルト〜粘土の細粒堆積物からなる緩やかな斜面を底置斜面，そのシルト・粘土層を底置層と呼びます（図 1-4）．

2）海岸平野

　海岸平野は一般に外洋に面した地形条件下に形成されます．沖積平野が幅に対して奥行きの深い形態をとるのに対し，海岸平野は幅が広く奥行きが浅い形態を

6

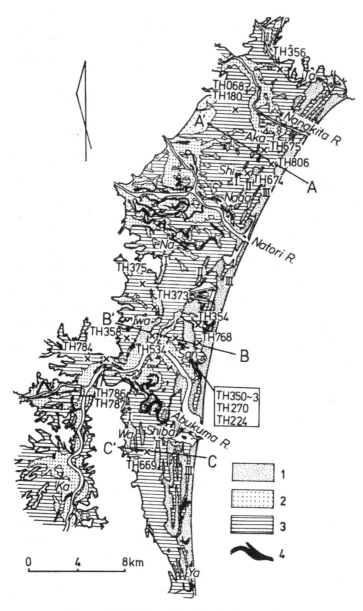

図 1-5　海岸平野の一例である仙台平野の微地形分類
1：浜堤列，2：自然堤防，3：後背湿地，4：旧河道．
松本（1984）．

呈します．一般に，海岸線に平行する数列の砂堤列（浜堤列）を有することから，砂堤列平野，あるいは浜堤列平野とも呼ばれます（図 1-1）．浜堤は波によって打ち上げられた砂礫が堤状に堆積した地形を指しますが（福本 1981），風で運ばれた砂（風成砂）に覆われ砂丘状の地形を呈することが一般的です．砂丘砂が顕著に堆積する高まりを砂堤と呼び，多数の砂堤からなる平野を砂堤列平野と呼ぶ傾向にあるようですが（たとえば森脇 1979），浜堤列平野と明確に使い分けられているわけではありません．

　日本の海岸平野では，砂堤列は一般に 3 列（群）に大別されます（森脇 1979，松本 1984，藤本 1988 など）．図 1-5 に典型的な海岸平野の例として，仙台平野の微地形分類図（松本 1984）を示します．浜堤列の形成年代には広域的にある程度の同時性が認められることから（藤本 1988），その形成には気候変動に伴う海水準変動などの広域的に同時に起こる現象がかかわっているものと考えられます．松本（1984）は，仙台平野の浜堤列直下で海成層・陸成層境界高度が相対的に高くなることから，その成因を海水準変動に求めました．また，気候変化に伴う土砂供給量の増減が浜堤列の形成にかかわっている可能性も指摘できます．すなわち，土砂供給量が減少した時期には海岸線の前進速度が低下し，同じ位置に長期間固定されることで砂丘砂が厚く堆積し，砂堤が形成されることもあり得ます．九十九里浜平野では，地震に伴う地盤隆起もその形成にかかわっている可能性が指摘されています（増田ほか 2001）．

　砂堤列と砂堤列の間は細長い凹地となっており，これを堤間湿地と呼びます．堤間湿地には粘土〜シルトの細粒物質が堆積し，場合によっては泥炭層が形成されることもあります．

3. 沖積低地のでき方

　沿岸部の沖積低地は最近数千年間で形成された，地球上で最も新しい地形です．しかし，その形成過程を理解するためには，約 2 万年前の最終氷期最盛期まで遡る必要があります．地球は過去 60 万年間に，約 10 万年周期で寒冷な時期（氷期）と温暖な時期（間氷期）を繰り返してきました．その最後の氷期の最も寒かった時代が約 2 万年前です．この時期は大陸氷床（氷河）の拡大に伴い海水量が減少し，海面は今より 120 m ほど低下していたと考えられています．当時の河川は今

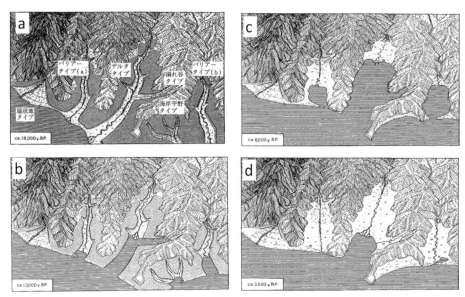

図 1-6　沖積低地の発達過程模式図
海津（1994）．

よりもずっと海側に河口をもち，河床勾配もかなり急で，河川沿いに深い開析谷
が刻まれていたと考えられます（図 1-6a）．その後，地球は急激な温暖化に向か
います．この温暖化に伴い，大陸氷床は縮小し，海面は急上昇しました．その結
果，河川沿いの開析谷には急速に海が侵入することとなりました（図 1-6b）．温
暖化の途中の 12,700～11,700 年前には一旦寒の戻りがありましたが（ヤンガード
リアス期），11,700 年前以降は再び急激な温暖化に転じ，海面も急上昇しました．
最終氷期最盛期以降に起こった海面上昇は，年 10 mm を超える速度で進行した
と考えられ，河川による土砂の堆積が追い付かず，海岸線は急速に内陸側に後退
しました．7,000～6,000 年前には現在とほぼ同レベルにまで海面が到達し，河川
沿いには奥深い内湾が形成されました（図 1-6c）．日本ではこの現象を縄文海進
と呼んでいます．その後，数 m オーダーでの海面変化はあったものの，ほぼ現
在の高さに海面が安定すると，河川が運んできた土砂により，この内湾が徐々に
埋められ，海岸線が前進していくこととなります（図 1-6d）．海岸平野では，沿
岸流によって運ばれてきた土砂も堆積しました．日本の沖積低地では, 特に 4,000

年前以降に海岸線の前進が顕著になったことが知られています（たとえば，高橋 1995，羽佐田・藤本 2012）．つまり，沖積低地の大部分は縄文時代中期以降につくられたものなのです．

4．沖積低地における自然災害と土地利用

1）自然災害

　沖積低地は現在でも形成途上にあります．河川は平常時では水位も低く，澄んだ水がゆっくりと流れていますが，大雨が降ると，土砂を含んだ水が濁流となって流れ下ります．現在の河川のほとんどは連続堤防によって護岸されているため，多少の大雨では氾濫しませんが，人工堤防のなかった時代には，日常的に氾濫を繰り返し，そのたびに自然堤防や後背湿地への堆積が進行していたのです．現在の人工堤防も，想定を超す大雨が降ると，決壊や溢流が発生し，洪水災害をもたらします．扇状地では土石流が発生することもあります．

　IPCC（気候変動に関する政府間パネル）による一連の報告書によると，地球温暖化が進行すると気候が極端化し，湿潤地域では集中豪雨的な雨の降り方が増加すると予測されています（たとえば，IPCC 2013）．日本でも，近年日降水量 100 mm 以上の日数が増加傾向にあります（環境省ほか 2018）．毎年梅雨期から秋雨期にかけて，日本列島のどこかで，必ずと言ってよいほど豪雨災害が発生しています．2015 年 9 月の鬼怒川水害，2017 年 7 月の九州北部豪雨は記憶に新しいところです．2018 年 7 月には九州から東海地方にかけての広い範囲で降り出しからの総雨量が 1,000 mm を超える記録的な豪雨となり，土石流や大規模氾濫によって 200 名を超える尊い命が失われました（平成 30 年 7 月豪雨）．温暖化に伴いこのような河川災害の頻度はさらに増してくるものと考えられます．しかし，河川はそもそも氾濫することが当たり前で，氾濫そのものは自然現象のひとつに他なりません．私たちはこのことを改めて認識しておかなければならないのです．

　沖積低地における豪雨災害は河川氾濫や土石流のみではありません．アスファルトで覆われた都市化した沖積低地では，河川が氾濫しなくても，下水や暗渠からあふれた水があっという間に市街地を冠水させます．これを内水氾濫と呼びます．当然のことですが，水は低いところに集まります．都市化した土地では，微妙な起伏を認識することはなかなか困難です．私たちは，洪水ハザードマップや

内水ハザードマップなどで，浸水しやすい場所を日頃から確認しておく必要があるのです．

　沖積低地で起こり得る災害は上記のような大雨に伴うものばかりではありません．沿岸部では，台風などの発達した低気圧に伴う高潮や，海溝型地震に伴う津波といった海からの水害も想定しておく必要があります．地震に伴う液状化も沖積低地に特有の災害です．液状化は地下水位の高い砂質堆積物地帯，特に，三角州や埋立地，旧河道などで発生します．これらの災害に対しても，各自治体が，必要に応じてそれぞれのハザードマップを作成しています．これらのハザードマップの存在と活用をいかにして一般の人々に広めていくかがこれからの課題です．

　自然災害とは異なりますが，沖積低地では地盤沈下も警戒しなければなりません．地盤沈下は人為的な地下水のくみ上げによって起こります．この現象は水需要が急増した高度経済成長期に，全国各地の沖積低地で顕著に進行し，ゼロメートル地帯（平均満潮位より低い土地）が各地に広がりました．一度沈下した地盤は元に戻ることはありません．地盤沈下のメカニズムについては市原ほか(1987)に詳述されています．ゼロメートル地帯では防潮堤を築かない限り満潮時には海に沈んでしまいます．防潮堤に囲まれていたとしても，想定外の高潮や津波が発生すると大きな被害が生じます．5,000人を超える犠牲者を出した1959年の伊勢湾台風では，その多くが高潮による犠牲者で，地盤沈下によって脆弱な土地が広がっていたことが被害を大きくした要因の一つと言われています．

2) 土地利用

　沖積低地で暮らす人々は，古くから微地形を認識し，微地形に応じた土地利用を行ってきました．本来，氾濫原や三角州は上述したように常にさまざまな自然の驚異にさらされており，安心して生活できる場所ではありません．しかし，低湿地で営む水稲技術が伝わってからは，人々はこれらの土地で暮らすようになりました．その際，少しでも浸水被害から免れるために，住居を自然堤防上，特に旧河道沿いの自然堤防上に構え，後背湿地や旧河道などの低所で稲作を行いました．自然堤防は微高地で，しかも砂質堆積物からなるため水はけが良く，洪水が起こっても浸水深が浅く，比較的早く水が引きます．そのため，自然堤防上では

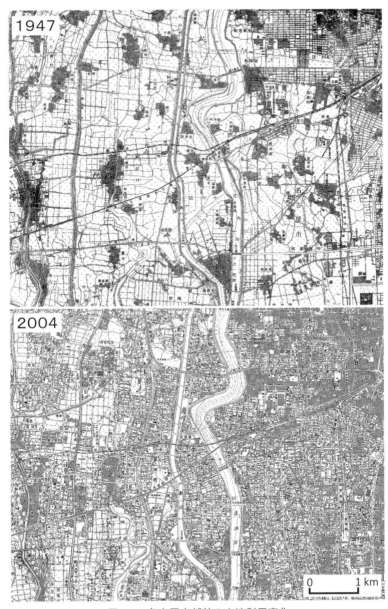

図 1-7 名古屋市郊外の土地利用変化

国土地理院発行 1/25,000 地形図「蟹江」図幅（上：1947 年修正測量，
下：2004 年更新）の一部を使用.

乾地に適した畑作が行われていました．このような土地利用は1950年代まで続いていました．しかし，高度経済成長期以降の都市化の進展に伴い，それまでは居住地としては利用されていなかった後背湿地にも住宅が拡大していくこととなります．その一例として，図1-7に名古屋駅西側の地形図を示します．1947年には後背湿地のほとんどが水田として土地利用されていましたが，2004年にはそのほとんどが宅地などの都市的土地利用に変化していることがわかります．この地域は2000年9月の東海豪雨で大きな浸水被害を受けました．近年の洪水被害の増大は，このように本来居住地としては適さない土地に多くの人々が暮らすようになったこともかかわっているのです．

　扇状地では水の得やすい扇頂部や扇端部に集落が形成されました（図1-2）．扇頂部の集落は谷口集落と呼ばれます．図1-2の南西端に位置する酒波集落はその一例です．段丘化した扇状地では，谷口集落は洪水や土石流の被害を受けにくい段丘面上に立地するため比較的安全ですが，河床との比高が小さな場合にはこれらの災害に十分警戒する必要があります．これに対し，河川が伏流する扇央部では水が得にくいため集落や農地としての開発は遅れることとなります．養蚕業が盛んであった明治から昭和初期には桑畑として開発された地域が多く，養蚕業が衰退した高度経済成長期以降は果樹園や畑，あるいは宅地として土地利用され

図1-8　東北地方太平洋沖地震による大津波で壊滅的被害を受けた仙台市若林区荒浜
2011年8月著者撮影．

ることが多くなりました（図 1-2）.

　海岸平野では，微高地である砂堤列上に集落や畑がつくられ，堤間湿地で水田が営まれてきました．しかし，2011 年 3 月 11 日に発生した東北地方太平洋沖地震に伴う大津波では，最も海側の砂堤列上の集落が大きな被害を受けました．高さ 10 m の津波が襲った仙台市若林区の荒浜地区はすべての家屋が押し流される壊滅的被害を被りました（図 1-8）．このような自然の猛威の前では，たとえ微地形に応じた土地利用をしていたとしても，人間の力ではとても太刀打ちできないのです．

文 献

市原 実・水収支研究グループ・応用地質研究会編 1987.『日本の自然 6　日本の平野』平凡社.

海津正倫 1994.『沖積低地の古環境学』古今書院.

大友 篤・笹川 正・角田 敏 2001.『土地形状別人口統計とその分析』(財) 統計情報研究センター.

鈴木隆介 1998.『建設技術者のための地形図読図入門 第 2 巻　低地』古今書院.

高橋 学 1995. 平野の微地形変化と開発. 吉野正敏・安田喜憲編『講座文明と環境　第 6 巻　歴史と気候』214-231. 朝倉書店.

羽佐田紘大・藤本 潔 2012. 矢作川下流低地における完新世の堆積土砂量と蓄積炭素量の時系列的変動. 地形 33: 25-43.

福本 紘 1981. 浜堤. 町田 貞・井口正男・貝塚爽平・佐藤 正・榧根 勇・小野有五編『地形学辞典』532. 二宮書店.

藤本 潔 1988. 福島県南東部に位置する海岸平野の浜堤列とその形成時期. 東北地理 40: 139-149.

増田富士雄・藤原 治・酒井哲弥・荒谷 忠 2001. 房総半島九十九里浜平野の海浜堆積物から求めた過去 6000 年間の相対的海水準変動と地震隆起. 地学雑誌 110: 650-664.

松本秀明 1984. 海岸平野にみられる浜堤列と完新世後期の海水準変動. 地理学評論 57A: 720-738.

森脇 広 1979. 九十九里海岸平野の地形発達史. 第四紀研究 18: 1-16.

環境省・文部科学省・農林水産省・国土交通省・気象庁 2018. 気候変動の観測・予測及び影響評価統合レポート 2018 〜日本の気候変動とその影響〜. https://www.env.go.jp/earth/tekiou/report2018_full.pdf（最終閲覧日：2020 年 5 月 29 日）

IPCC 2013. Climatic change 2013: The Physical science basis. http://www.ipcc.ch/report/ar5/wg1/（最終閲覧日：2020 年 6 月 3 日）

第 2 章

 **失われゆく平坦面で行われる多様な人間活動**

1. はじめに

　周辺部を急な崖や斜面に囲まれた広い平坦面をもつ高台は，台地と呼ばれています（鈴木 2000）．国土の面積のなかで台地の占める割合は約 1 割程度と少ないのですが，山地・丘陵・火山地が約 7 割となっている日本において，台地は人間が活動を営むうえで貴重な平坦地であることは間違いありません．

　台地の利用はかなり昔から行われてきたようです．第 1 章で述べているように，日本では縄文時代である約 7,000 ～ 6,000 年前には現在の海岸線の位置よりもかなり奥まで海が入り込んでいましたが，その時代の貝塚は海と接している台地の末端に立地していることから，縄文時代にはすでに台地上に生活の場があったといえるでしょう．これより古い旧石器時代についても，おもに臨海部の台地と内陸部の高原に遺跡が分布していることが指摘されています（泉 1996，鈴木 2010）．旧石器時代は，今よりも 100 m 以上も海面が低下していた時代ですから，その後の海面上昇，土砂の埋積という低地の発達により，当時低地にあった人々の痕跡が今では地下に埋もれてしまっている可能性もありますが（小野 2014），台地は，少なくとも数万年前から人間が利用してきた地形です．

　台地は，かつての低地，浅い海底だった場所，湖底などが（相対的に）隆起したり，火山活動などによって大量の火山噴出物が堆積し，その後，大きく侵食されたりして段丘状となった地形です．この地形は，さらなる時間の経過や，隆起が継続したりすると，高度を増して，侵食され，平坦な面がなくなってしまうことで，尾根とそれを刻む谷の組み合わせからなる丘陵となります（小岩 2017）．

　本章では，日本でみられる台地のなかで，海岸段丘，河岸段丘，火砕流台地，カルスト台地を取り上げて解説を行います．

約50万年前の段丘面

約40万年前の段丘面

段丘崖

約12〜13万年前の段丘面

段丘崖

段丘崖

図 2-1 北海道上ノ国町における海岸段丘
ドローンにより撮影.

2. 「段丘」の地形とそのでき方

1) 海岸段丘

　日本の海岸部には幅数 100 m を超すような卓状の地形や，高度の異なる複数の平坦面が階段状に分布する地形がみられることがあります（図 2-1）．このような地形は海岸段丘に区分されています．なお，地形の成因による分類によれば海成段丘と分類されることがあります．海岸段丘は，過去の海岸や浅海底が海面に対して相対的に隆起し，陸上に現れたものです．平坦な部分は段丘面，高さの異なる段丘面の間や海に面した急な崖<ruby>崖<rt>がけ</rt></ruby>は，段丘崖<ruby>崖<rt>がい</rt></ruby>と呼ばれています．山地が海岸部まで迫っているような地域では，広い平坦面である海岸段丘の段丘面は，人間生活にとって欠かすことのできないものとなっています．

　海岸段丘が形成された地質時代の第四紀の半ば以降，とくに約 60 万年前から現在は，第 1 章でも述べた通り，約 10 万年周期で氷期と間氷期が繰り返されてきた時期であるとされています．氷期には大陸上に大規模な大陸氷床が発達する

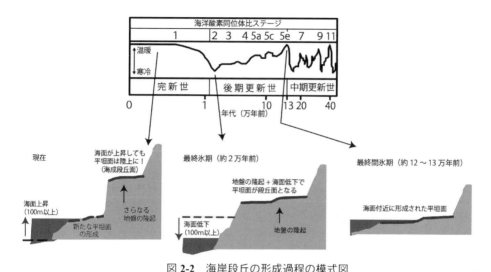

図 2-2　海岸段丘の形成過程の模式図

編年表は，産業技術総合研究所 地質調査総合センター地質標本館の資料から作成.

ことにより世界的に海面が低下し，間氷期にはそれが融解し海面が上昇したこと
が明らかにされてきました．その昇降の幅は 100 m 以上であったと推定されてい
ます.

　海岸段丘の発達には，地殻変動に加えて，このような氷河の消長に伴う海面変
動が大きく関与したと考えられています（図 2-2）．繰り返される海面変動のな
かで，間氷期は相対的に海面が長期間安定している時代であることから，海面と
同じような高さに広い平坦面が形成されます．氷期になると海面が低下するため,
間氷期に形成された平坦面は海面より相対的に高くなります．この間に地盤が隆
起すると，次の間氷期に同じ高さまで海面高度が戻ったとしても，かつて海岸近
くに形成された平坦面は高い所に存在して，台地がつくられることになります.
さらに，新しい間氷期になると海岸部では新しい平坦面が形成されます．このよ
うなことが約 10 万年周期で繰り返されて階段状の海岸段丘ができるといえるで
しょう．また，約 12 万年前頃にピークをもつ最終間氷期から最終氷期に向かう
間も，氷期−間氷期ほどの変化ではありませんが，2 万年ほどの周期で海面変化
が生じていたと考えられていて，隆起速度の速い地域では，これらの変動に応答
して形成された段丘面も認められています.

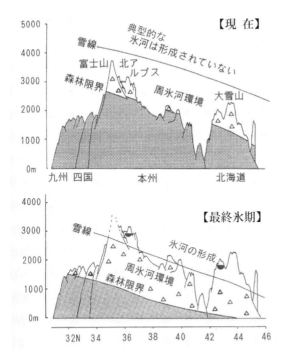

図 **2-3**　現在と最終氷期における森林限界の変化
貝塚・鎮西（1986）を簡略化した杉谷ほか（1993）に加筆.

2）河岸段丘

　河岸段丘は，河川沿いに平坦面と急崖の組み合わせにより構成される階段状の地形です．成因による分類では河成段丘と呼ばれます．河岸段丘も海岸段丘と同様に広い平坦面は段丘面，異なる高さの段丘面との間にある急崖は段丘崖と呼ばれます．河岸段丘は谷底平野<small>こくてい</small>ができた後，なんらかの原因（地盤の隆起や気候変化など）によって，河川の下刻<small>かこく</small>（下方侵食）が復活することによりできる地形であると考えられています．

　ここでは，東北日本以北の諸河川で報告されている気候変化に伴って形成された河岸段丘について紹介します．海岸段丘の形成をもたらした約10万年周期の気候変化は，河岸段丘の形成にも，大きくかかわることが明らかにされています（図2-3）．氷期には，気温の低下に伴い，森林限界が低下し，山肌が露出した斜面では凍結・融解が繰り返される現象が頻繁に起こり，多量の岩屑<small>がんせつ</small>が生産されたと考えられています．これらの岩屑（の一部）は，いろいろな様式で河川に取り込まれますが，氷期には間氷期に比べて雨の量が少なかったので，これらは下流

側へ運搬されにくくなります．

　その結果，河川の中・上流部の河谷には土砂が厚く堆積し，平坦な地形がつくられます．氷期が終わり，気候が温暖となると，山地斜面での植生の被覆面積も増え，岩屑の生産量も減り，また，気温の上昇に伴い降水量も増加して，河川の流量が増し，運搬力が強まることで，氷期に土砂が厚くたまった河谷では，河川が下方へ侵食（下刻）し，平坦面が掘りこまれ，（残った部分が）台地となります．また，寒冷期から温暖期への移行期，すなわち河川が堆積から下刻へ移行する時には，河川が側方に大きく振れる時期があり，側方侵食（側刻）が活発になり，広い段丘面が形成されたことが明らかにされています．山間部の河谷のみならず，河川が山間部から平野部に流入するような場所においては，過去の扇状地が台地化した河岸段丘も広く発達しています．

　一方，河川下流部では，海面変動に伴って河岸段丘が形成されることがあります．第1章で述べたように，海面が高い時期には，海岸部では川沿いに沖積平野が形成されます．海面が低下すると沖積平野の河道沿いは掘り下げられ，段丘化します．

　河岸段丘は，氷期と間氷期の気候変化への河川の応答といえますが，前述したように気候変化は約10万年周期で繰り返されてきたので，この応答も繰り返されてきたと推定できます．気候変化や海面変動によって形成された河岸段丘は，その地域が激しく沈降していたりすると，陸上に残ることはありません．すなわち，数十万年前から複数の河岸段丘が形成されている場合には，その地域が隆起していることを示します．

3.　段丘における土地利用と防災

1）自然災害

　第1章でとりあげられた沖積低地は，現在進行形で新しい土砂が堆積し，平坦な地形が作り続けられている場所ともいえるでしょう．一方，台地は，河川や海からある程度の高さがあり，河川により新しく土砂が堆積したり，海の営力による平坦面の形成が行われたりすることはほとんどありません．台地は，いわば平坦面の形成は終了していて，現在はもっぱら河川などの侵食により解体が進んでいる段階の地形です．さらに時間が経過すると，台地は侵食されて丘陵へと変化

することになります．このような発達過程をふまえると，台地の上は洪水が生じにくい地形であるといえます．

　台地は地震災害についても強い地形であると考えられます．平坦面がつくられた際の堆積物が，台地の地表面下に残存していることが多くあります．これらの堆積物を段丘堆積物と呼びます．段丘堆積物は，河岸段丘では砂礫層，海岸段丘では砂層や砂礫層からなっています（侵食過程でつくられた段丘には段丘堆積物を欠く場合もあります）．その下には新第三紀（約 2,300 万年前〜 260 万年前），またはそれよりも古い時代の比較的，堅固な岩石がみられる場所が多くあります．このようなことをふまえると，台地の地盤は低地に比べて硬いものとなっていますから，（地震のゆれの特徴に左右されるとは思いますが）台地は地震時においても，低地に比べて被害が生じにくい地形であるといえるでしょう．たとえば，1978 年の宮城県沖地震の際にも台地での全壊家屋の分布は，低地に比べて極めて少ない結果となっています（図 2-4）．

図 **2-4**　宮城県沖地震（**1978**）における仙台市の全壊家屋の分布
村山（1995）に加筆．

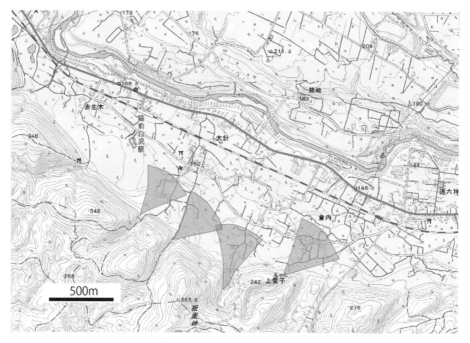

図 2-5　仙台市青葉区 JR 陸前白沢駅周辺の地形図

網掛けは，土砂災害警戒区域（土石流）の範囲を示す（仙台市の土砂災害危険地マップより作成）．
地形図は国土地理院の電子地形図 25000（1/25,000）による．

　しかし，台地上においても注意をしなければならないこともあります．図 2-5
は，宮城県仙台市の西部に位置する愛子盆地の南部を示しています．この地図で
みられるように，中央部を西から東に流下する広瀬川付近には段丘崖が，そこか
ら南部の丘陵斜面との間には幅約 1 km の河岸段丘面がみられます．さらに，こ
こでは等高線が半円形となっていて，扇状地のような地形がつくられていること
がわかります．段丘面と背後の丘陵の山頂との比高は約 100 m と大きくありませ
んが，小谷の出口付近は顕著な堆積がみられる場所であることがわかります．こ
のような地形は，段丘面の上に背後の斜面から土砂がもたらされた結果つくられ
た地形なので，土石流などの災害が起こる可能性が指摘されます．各都道府県は，
土砂災害防止法に基づいて，土砂災害の生じるおそれがある場所を土砂災害特別
警戒区域や土砂災害警戒区域にしていますが，この地域も土砂災害警戒区域に指

定されています．このように，災害の可能性が，相対的に低いと考えられる台地
においても注意をしなければならない場所も存在します．

　段丘崖も，急な斜面が連続するという地形的な特徴から，急傾斜地の土砂災害
特別警戒区域や土砂災害警戒区域に指定されている場所があり，注意が必要です．
低地にたくさんの人々が居住している場所に隣接する台地には，津波時や洪水時
の避難場所が多くあります．地震後や豪雨の際，これらの段丘崖を通って避難す
る場合には気をつけなければなりません．少なくとも複数の避難ルートを事前に
確認しておく必要があるでしょう．

2）土地利用

　台地の現在の土地利用は，一般に畑，水田，果樹園などの耕作地，および集落，
また，段丘崖は林地，竹林などになっていることが多くあります（鈴木 2000）．

　台地は，旧石器時代，縄文時代から人々に利用されてきましたが，第 1 章で述
べたように，弥生時代以降は，水稲技術の伝播により低地に人々が暮らすように
なります．戦後の高度経済成長期には利便性や治水事業の進展，干拓地や埋立地
の増加により低地への居住がさらに拡大し，現在においては低地の人口が日本の
総人口の約 50％を占め，台地の 30％を大きく上まわっています．

　また，台地は災害の危険が最も小さい地形であるにもかかわらず，生活用，農
業用の水が得にくいため，開発が遅れた地形であることも指摘されています（水
谷 2018）．台地に耕作地がつくられるようになったのは，低地に比べると遅く，
近世前期，またはそれ以降であると思われます．この時代には，全国的に台地面
においても灌漑用水路がひかれ，当時の農業技術が向上したことも相まって，台
地における農業による土地利用が進んだといえるでしょう．この例としては，関
東平野の武蔵野台地の玉川上水があげられます．武蔵野台地は，複数の段丘面を
もつ河岸段丘からなっていますが，玉川上水は現在の河川よりも高い所に位置し
ている段丘面に，多摩川からの水をひいてくるわけですから，工夫が必要となり
ます．段丘面の勾配は現在の多摩川より急であることから，段丘面よりも緩い勾
配の水路をつくって台地面上にあげていく土木工事が行われました．台地面上で
もわずかに高い部分に上水を通し，そこから低い場所に水を流していきます．こ
のような土木工事の結果，玉川上水の通る付近には新田が広く開発されました．

　これらの台地には，少なくとも第二次世界大戦前頃までは畑が広がっていましたが，高度経済成長期の開発で宅地化や工場群の進出がみられ，その景観は大きく変化をしました（小出 1973）．

　台地において，現在でも農業による土地利用がみられる地域の代表の一つとして，ここでは北海道の十勝地方の例をあげてみましょう．十勝地方では，数十万年前以降に形成された河岸段丘が広がっています．これらの段丘は，日高山脈，石狩山地，十勝岳などに源をもつ諸河川が形成したものですが，段丘の規模が大きいことが特徴となっていて，一つの段丘面が幅数km，長さ 20 km 以上にわたり連続して分布していることも珍しくありません．北海道では，明治時代にはアメリカのタウンシップ制をモデルにした農地の開発が行われ，現在では，格子状の農地区画および散居集落の景観が広がっています．このような台地において大規模な農地の区割りがきちんとできたのも，広大な河岸段丘面，海岸段丘面の存在があるからに違いありません．十勝平野では，海外産地との競合にさらされるなかで，農業経営の大規模化が進められてきました（吉田・渡辺 2018）．現在では，1 経営体あたりの経営耕地面積は約 42 ha と全国比の約 23 倍近くになっています（北海道十勝総合振興局 2018）．

　十勝平野の農産物は，全国的にも大きなシェアを占めています．なかでも小豆は大きいものとなっていて，全国の生産量の約 60%（2016 年）にもなります．連作障害がおこりやすいため，小豆は小麦，てんさい，馬鈴しょ，大豆・菜豆などとの輪作が行われています．これらの作物においても，生産量は全国比で馬鈴しょが約 34%（2015 年），小麦が 19%（2016 年），大豆が約 9%（2016 年）を占めており（北海道十勝総合振興局 2018），まさに日本の食料基地の役割を担っています．

　海岸段丘，河岸段丘をつくっている段丘堆積物の上には，ローム層と呼ばれる火山灰土がみられます．関東ローム層は有名ですが，同様のローム層は日本各地にみられます．火山から直接噴出して堆積したものはテフラ（細粒なものは火山灰と呼ばれることもあります）といいますが，テフラが風などで再び移動・堆積したものやユーラシア大陸から運搬されるような細粒物質（レス）が，混ざり合いながら堆積したものがローム層になります．台地の平坦面がつくられたのは数万年前以上も昔のことですから，新たな土砂の堆積が行われなくなった後には，

段丘堆積物の上にはテフラやこのようなローム層が被覆します。古い時代に形成された段丘面ほど，たくさんの噴火のテフラやローム層が被覆していることから，その厚さは大きくなります。関東平野などでは，厚さ10 m 近い部分もあります。ローム層やテフラのさらに上，地表面付近には，黒ボク土（黒ボク）と呼ばれる真っ黒な土壌が発達しています。この土壌はローム層やテフラを母材（原材料）としてササやススキの腐植の集積が継続することによってできたものと考えられています。黒ボク土が形成され始めたのは最終氷期が終わり，現在とほぼ同様な気候となりはじめた，約1万年前からだと推定されています。ところが，現在の温暖・湿潤な気候の下では，自然な状態ではススキやササの草原が継続することは困難であり，森林が形成されてしまいます。ススキやササなどの草原が維持されてつくられるこの土壌は，人間が火入れなどによって人為的につくりだして形成された土壌である可能性も指摘されています（細野・佐瀬 2015）。黒ボク土は，酸性が強かったり，植物の生育に必要なリン酸が欠乏しているため，農業を行ううえでは土壌改良などが必要となりますが，この土は世界でも屈指の腐植の含有率の高い土壌です。現在では前述の十勝平野をはじめ日本各地の台地や火山麓で，黒ボク土は農業に広く活用され，多くの農産物が生産されています。

4．その他の台地

1）カルスト台地

【地理教材としての石灰岩・カルスト地形】　石灰岩は，乾燥材，チョーク，セメントなどの製品として利用される以外に造園業，鉄鋼業などでも重要な役割を果たしており，日本では自給率100 % を誇ります。この石灰岩は，ほかの岩石に比べて物理的風化作用に強く，化学的風化作用に弱い特性があります。前者を背景に，高等学校の地理では，構造平野で卓状地の頂部やケスタの高まりをつくる地質として石灰岩が紹介されます。また後者の観点では，石灰岩の主成分が炭酸カルシウム（$CaCO_3$）で溶食に弱いこと，その結果，地表および地下には，カルスト地形と呼ばれる独特の地形が形成されることが紹介されます。

　石灰岩がつくる台地をカルスト台地と呼びます。カルスト台地には，高等学校の教科書をはじめ町田（1984）などに記載されているように，さまざまなカルスト地形がみられます。台地表面には，直径数 m から数 100 m のドリーネと呼ば

24

塔カルスト

マングローブ

151226

図 2-6　ハロン湾
の塔カルスト

れるすり鉢状の凹地が発達します．これは地表水での溶食や，地下水での溶食に
よる地下空洞の崩壊でできますが，さらにドリーネが拡大し隣りあうドリーネと
接続する場合はウバーレ，ウバーレがさらに拡大してポリエと呼ばれます．また
溶食で地下空洞ができ，それを鍾乳洞と呼びます．この鍾乳洞では，天井から
の水滴に含まれる炭酸カルシウムが沈積し，天井から下に延びる鍾乳石，底から
上に延びる石筍，両者が接合した石柱などの地形が発達します．この台地の溶食
がさらに進み，残った部分が円頂状あるいは塔状に高く突出するものを塔カルス
ト（タワーカルスト）と呼び，湿潤熱帯地域に多いとされます．図 2-6 はベトナ
ムのハロン湾で見られる塔カルストで，その海岸にはマングローブも見られ，著
名な観光地になっています．

【空から見られるカルスト台地】　平坦なカルスト台地を俯瞰し実感できる機会は
なかなか得られませんが，羽田空港から福岡へのフライトでは約 1 時間半後に秋
吉台を観察できます．その時，左の窓からは図 2-7 のように草原化した緩やかな
起伏をもつカルスト台地を眼下に望めます．台地表面には直径約 50 m の丸い日
影が多数見えていますが，それらがドリーネの位置を示します．写真左にはドリー
ネが拡大し接続したウバーレの大きな谷があります．

図 **2-7** 秋吉台の上空
からの観察

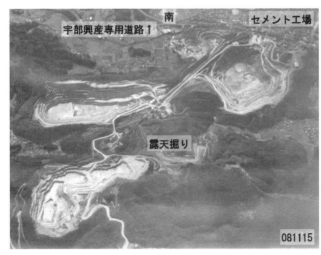

図 **2-8** 石灰岩の露天
掘りの観察

　秋吉台から西へ連続する石灰岩分布地に至れば，図 2-8 のようにセメント工場
と石灰石の露天掘り（凹地）も観察できます．凹地の底までは最大深さ約 100 m
あります．この石灰岩は，古生代（数億年前）に海山頂上に形成されたサンゴ礁
が，プレート運動により現在の位置に来たものと言われています（平 1990）．なお，
写真上の道路は日本一長い私道（約 28 km）の宇部興産専用道路です．

26

【平尾台で見られる地形と景観】　平尾台は国の天然記念物，国定公園，県立自然
公園に指定されている景勝地です（福岡県 2000）．図 2-9 は地理院地図の陰影図
を背景に置く色別標高図で平尾台周辺を示しました．谷に多く刻まれた周囲の山
地と比べ，物理的風化作用に抗して高まった平坦な台地の印象が良く読みとれま
す．よく見ると，北東部ではドリーネを示す小さな丸い穴が多数，南西部では直
線的に延長する急崖をもつ鉱区が見え，私企業の鉱山となっています．

　福岡県（2000）および浦田ほか（1997）によれば，平尾台は，約 3 億年前のサ
ンゴ礁起源の石灰岩が当地まで運ばれ，約 1 億年前の白亜紀に花崗岩が貫入して

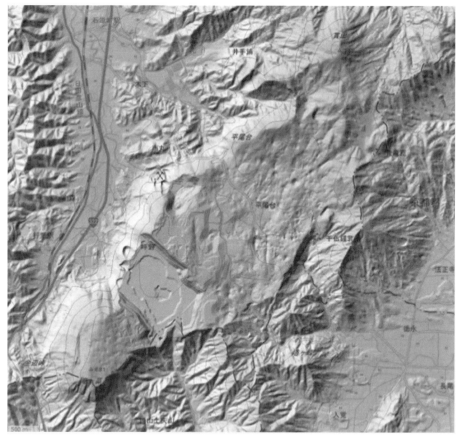

図 **2-9**　平尾台周辺の地形印象
原図はカラー.

熱変成した結晶質石灰岩でできています．この貫入に先立ってランプロファイヤー（塩基性で濃色斑状の半深成岩）岩脈も貫入しましたが，地表では風化して褐色の粘土層になっているため，石灰岩とは区別できます．その後，約9万年前に阿蘇-4火砕流堆積物で覆われた歴史もあり，台地の凹部や鍾乳洞内にその堆積物が残されています．

　平尾台は，その東部に花崗岩が分布し，石灰岩は何条もの南北性のランプロファイヤー岩脈に貫かれ，また多くの亀裂系にも刻まれています．このため水を通しやすい亀裂系に沿って溶食が進みます．そして地表には，丸みを帯びた数mサイズ石灰岩の突出，ピナクルが無数に残り，そこが羊群原と呼ばれます．また石灰岩表面には雨水や土壌水によってできた孔や溝があり，それをカレンと呼びます．

　図2-10は平尾台の一部を地理院地図で示しました．浅いドリーネに対し矢印

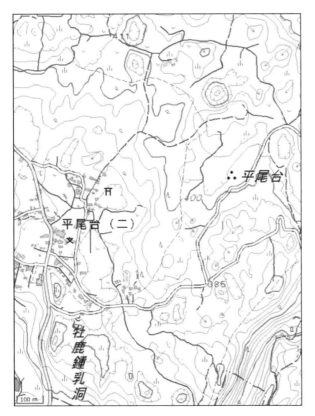

図 **2-10**　地理院地図から読み取れる地形発達と景観

図 2-11　風景写真から読み取る地形発達と景観

で示される小凹地，最大で約 40 m の深さのドリーネに対し，けば付きの複数の等高線で示される凹地の記号が多数みられます．じつは平尾台では特に地下水の集中するランプロファイヤー岩脈と亀裂系の交点に多くのドリーネが発達しています．このため，図 2-10 をよく見ると，ドリーネの配列とその長軸が南北方向にそろうとともに，それに斜交する方向にもドリーネが配列することが読みとれます．その他，荒地で示される草原地帯では，岩の記号で示される羊群原も読みとれます．集落付近では畑が広がりますが，そこは阿蘇 - 4 火砕流堆積物を母材とする土壌が存在する背景があります．

　図 2-11 は，平尾台のドリーネを中心とする景観です．草原のなかには多数のピナクルが露出し羊群原になっています．各ピナクルは丸みを帯びていますが，表面には溝状のカレンが発達しています．石灰岩の表面では，ザラメ状の粗粒な

方解石を観察できます．写真中央のドリーネは，東西より南北が長い形状をもちます．この中心軸にランプロファイヤーの存在が想定されます．またドリーネ底には凹凸があり，複数のドリーネが結合したウバーレともいえます．風化したランプロファイヤー内では，土壌中の植物や微生物の呼吸で二酸化炭素が多く生じ土壌は酸性化し，そこに近接する石灰岩を溶食する機会が増す（浦田ほか 1997）ことも，ドリーネの異方性のある形状発達に影響しています．なお，ドリーネ底の一部は樹木地ですが，そこは草原環境を維持する目的で毎年実施される野焼きから逃れていることを示します．

【平尾台のカルスト台地と昆虫】　カルスト台地といえば草原，草原といえばバッタです．子ども向けアニメで昆虫ものが流行していた頃，昆虫好きの卒論指導生が，小学校教論となって子どもたちに虫の楽しさを伝えたい気持ちから「バッタを捕まえるにはどのような地形条件が良いか」を課題とし平尾台で卒業研究に取り組みました．当初，地質が地形や植生に影響を与えるので，バッタと地形間に何らかの相関があると仮定し，気温 35 度を超す猛暑のなか，ライントランセクトによる調査（直線上に沿って調査する手法）を開始しました．区間別に地形，植物を区分し，土壌酸性度，土壌水分量，念のため気温も計測し，同時にスイーピング法で 15 分間バッタを採集し続けました．ところがその後の調査を怠り，瞬く間に初冬を迎え，追い詰められた彼は 2 回目の調査に臨んだ結果，「バッタがたった 4 匹しかおらず，研究できません」と泣き顔で報告するはめになりました．実際，低地になりやすいランプロファイヤー地域ではネザサが多く，高まりやすい石灰岩地域ではススキや セイタカアワダチソウが多く分布していましたが，植物とバッタ数との関連は不明瞭でした．しかし念のためにと計測した気温とバッタ数とは，ほぼ同じ場所でドリーネ斜面にあたる区間で盛夏も初冬も特徴が認められました．それは，盛夏は気温が低く，初冬は気温が高い区間でバッタが多く採集されていたのです．日当たりに差がないことから，2 時期で気温が反対になる理由は，地下水しか考えられません．つまりドリーネ底を通じて恒温の地下水の影響が気温に現れ，それに反応したバッタが特定の居場所に集まっていると考えられます．詳細は黒田・黒木（2009）にゆだねますが，カルスト地形の地形・地質と水文特性を連結し，バッタの生息条件を読みとるような生態研究も地形学の発展形として実施できます．

30

2）火砕流台地

【火砕流台地の形成と分布】　火砕流は，高温のマグマの破片と火山ガスや水蒸気の混合体が，火山斜面や火山周辺の地表を高速で流下移動する現象です（日本地形学連合 2017）．この火砕流の規模は，小規模（10 万 m³ 程度）から大規模（数百 km³）までと幅をもちます．大規模なものの多くは珪長質の火砕流で，噴出源にカルデラ，なかでもクラカタウ型カルデラが形成されます（鈴木 2004）．そのような火砕流は，カルデラ外側で元々の地形を埋め尽くして外輪山を構成しますが，全体として緩傾斜で平坦で広大な火砕流堆積面となります．これが開析（侵食）されると火砕流台地に転じます．古い火砕流堆積物は長年の侵食で平坦地が失われるため，現在ある火砕流台地は比較的新しいカルデラ形成に伴うものです．たとえば過去 12.5 万年間で，カルデラや火砕流台地が形成されるほどの巨大噴火は，日本では北海道および東北の屈斜路・摩周，支笏・樽前，洞爺・有珠，十和田，九州の阿蘇，加久藤・霧島，姶良・桜島，阿多・池田，鬼界・硫黄島が挙げられています（町田・新井，1992）．

【火砕流台地で見られる地形・地質・水文】　図 2-12 は，鈴木（2004）を参照して作成した火砕流台地の地質断面モデルです．火砕流堆積物が透水性に幅をもつ他の地層上に載る状況を示しました．高温の火砕流堆積物は，火山ガスの放出と上載荷重で上下方向に圧縮されて，下部で溶結凝灰岩になるため，上部や基部の非溶結部とは区分されます．溶結凝灰岩は冷却時の収縮で冷却面に垂直に柱状節

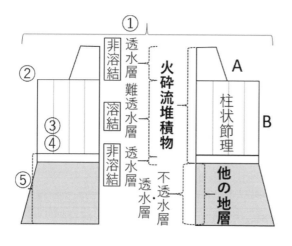

図 **2-12**　火砕流台地の地質断面モデル

理（亀裂）が発達します．非溶結部は透水性が高いのですが，溶結凝灰岩は難透
水層になります．地表に近い非溶結部 A は，造成地の盛土材，また含有される
軽石は盆栽，さび落としなどの生活資材として利用され，近年では，工業的利用
も増えています（袖山 2012）．一方，溶結部 B は，石垣，石橋，蔵，摩崖仏，石
棺など古来より活用例が多く見られます（横山 2003）．ここでこの地質断面モデ
ルの 5 カ所①～⑤を題材として，火砕流台地と私たちの暮らしとの関連を整理し
ます．
　①は火砕流台地面です．①に対応する図 2-13- (1) は，日本の地質百選に選定
された大分県玖珠町の万年山(はねやま)のメサです．溶結部がキャップロック（帽
岩）となり，物理的な侵食の抵抗層になることで，縁部は切り立った崖になりや
すいため，この差別侵食の結果，メサ（卓状）の地形が現れます．②は非溶結部

図 **2-13**　火砕流台地と私たちの暮らしとの関連が見える場所

が失われ，柱状節理の露出した台地です．福井県にある国の天然記念物で，②に
対応する東尋坊（図 2-13- (2)）は，安山岩が露出する海食崖ですが，そこには冷
却節理の一つ柱状節理が露出します．侵食で上載地層が失われたため，地表は節
理横断面のハチの巣状構造が見られ，縦断面には巨大柱が林立する景観を望めま
す．③は柱状節理を有する溶結部です．図 2-13- (3) は宮崎県にある国の天然記
念物であり，③に対応する高千穂峡の側壁からの湧水状況を示します．阿蘇起源
の溶結凝灰岩の柱状節理から，滝のように湧水しているのですが，その下部は透
水性の低い塊状の凝灰岩となっています．つまり溶結凝灰岩は節理がなければ難
透水層ですが，節理が発達し，加えて下位に不透水層があれば亀裂内に裂罅水を
もつので，その溶結凝灰岩の下位で湧水することがあります．④は溶結部とその
下位の非溶結部のあたりです．図 2-13- (4) は，大分県中津市耶馬渓町で 2018 年
4 月に発生し死者 6 名を出した火砕流台地崖の斜面崩壊地で，④に対応する事例
です．地理院地図 Globe で見ると，台地崖は垂直な上部と緩傾斜の下部で構成さ
れ，おおよそ上部が約 100 万年前の耶馬渓火砕流堆積物に，下部が約 300 万年前
の新期宇佐火山岩類の分布（石塚ほか 2009）に一致しています．その台地縁部
には岩峰が多く，その背後には小谷が発達し，また台地と岩峰間に段差も見える
ため，谷（台地縁）に平行な節理の存在が斜面崩壊の一要因とも考えられます．
⑤は火砕流より下位の透水層・不透水層の混在した地層です．大分県山国川上流
には，⑤に対応する例として岩峰，岩壁の景観が連なる名勝，競秀峰があります
（図 2-13- (5)）．写真下部を占める新期宇佐火山岩類は，さまざまな粒度や淘汰度
の堆積物で構成されていて，透水性に幅があります．これを反映して透水性が高
い層位では，崖断面は乾湿の繰り返しや塩類析出による風化が進み崩落や侵食が
及びやすくなり凹地形となっています．結果，逆傾斜のオーバーハングや大小の
タフォニが現れて，耶馬渓の奇岩風景に彩りを添えるのです．

【火砕流台地のジオサイト：関之尾の滝】　火砕流台地崖では，基盤，火砕流堆積
物，テフラなどの堆積構造を観察でき，そのような場所は，地域の歴史や文化と
合わせて，その土地の成り立ちを理解しやすいので，ジオパーク内のジオサイト
となることがあります．大淀川支流の庄内川には，入戸火砕流（約 2 万 9,000 年前）
によるシラス台地を刻む谷に発達した「関之尾の滝」があります（図 2-14）．こ
の幅約 40 m 高さ約 18 m の滝は，入戸火砕流下の加久藤火砕流（約 34 万年前）

滝
甌穴
180512

図 2-14 　関之尾の滝の景観

　の溶結凝灰岩が侵食に対する抵抗層となって形成されたものです．この直上流で
は最大幅 80 m，延長 600 m の範囲に溶結凝灰岩を削り込んでできた甌穴群が広
がります．これらは風化および侵食に関する現象として 1928 年に国の天然記念
物に指定されました．そこは鹿児島県と宮崎県の県境で，霧島ジオパークのジオ
サイトの一つで，日本の滝 100 選（グリーンルネッサンス事務局 1991）にも選
ばれています．
　図 2-15 は関之尾の滝を中心とする範囲で，標高約 250 m の平坦面が入戸火砕
流による台地，約 200 ～ 150 m が二次シラスによる段丘，最低位は沖積平野（千
田 1971）を示します．火砕流台地は畑として，沖積平野は水田として利用され
ていて対照的です．滝の位置では上流に楔状に切り込む傾斜変換線が暗い陰影と
して明瞭です．滝上流には再び沖積平野が広がるので，滝は上流の侵食基準面を
規制しています．この約 18 m の比高が重要で，滝の上流約 300 m に堰を設置し，
その両岸直上流に設置された取水口から 2 本の農業用水路が延びています．右岸
は南前用水路，左岸は前田用水路と呼ばれています．両者ともに，火砕流台地を

34

図 2-15　関之尾の滝の活用と地形
作図には地理院地図を使用.

穿つトンネルを介して，滝の貴重な比高を保ちつつ農業用水を緩やかに流下させ
ます．南前用水路は，庄内川のつくる右岸の沖積平野の縁にあり，その平野の水
田約 180 ha を潤します．一方，前田用水路は，火砕流台地の縁で二次シラスに
よる段丘面より高い場所に設置されています．また図の東でも多くのトンネルで
比高を維持しつつ用水は運ばれ段丘面に配水され約 230 ha もの水田を生みまし
た．つまり段丘が水田として利用されています．この自然の賜物のジオサイトは，
古くから郷土の教材として活用されてきました．
【火砕流台地を核として展開される産業】　火砕流台地の広大な平坦地は，水は
得にくいものの広い敷地を必要としかつ経済的に有利な土地利用が見られま
す．産業技術総合研究所地質調査総合センター HP の地質 Navi を参照すれば
火砕流台地上に，鹿児島空港（入戸および妻屋火砕流堆積物），熊本空港（阿

(1)サツマイモ畑　180511　(2)茶畑　180512

図 2-16　サツマイモ畑と茶畑の景観

蘇 -4 火砕流堆積物），青森空港（八甲田第 2 期火砕流堆積物）などが設置され
ている状況を読みとれます．

　図 2-16 は南九州の火砕流台地によく見られる土地利用で，都城市の（1）サツ
マイモ畑と（2）茶畑の景観を示します．2018 年現在は焼酎の増加する生産を支
えるサツマイモ畑が増えました．また鹿児島県とともに宮崎県も茶畑が増えて
います．そこで九州農政局統計部統計企画課（2018）より，シラス台地が広く分
布する鹿児島県と宮崎県について，2016 年の農作物作付面積を全国との比率で
比較してみます．九州では，田の冬季利用で稲以外の農作物が沖積平野でつくら
れるため，シラス台地での農作物作付の特徴は畑に限定して整理しました．この
時，工芸作物から茶を分離し，それ以外の工芸作物はその他に加えています．図
2-17 は全国および鹿児島・宮崎県の畑における農作物作付面積の割合です．全
国のサツマイモ（かんしょ）作付面積の割合は 1.81 ％（33,300 ha）に対して，鹿
児島県は 15.3 ％（11,400 ha），宮崎県は 10.07 ％（3,010 ha）で，大変高率になっ
ています．そして鹿児島県で全国の約 34 ％を占めています．また全国の茶作付
面積の割合が 2.34 ％（43,100 ha）に対して，鹿児島県は 11.44 ％（8,520 ha），宮
崎県は 4.75 ％（1,420 ha）で，高率を示します．鹿児島県のその作付面積は全国
の約 20 ％を占めています．つまりサツマイモおよび茶による南九州の独特の景
観はシラス台地があって成立したといえるでしょう．図 2-17 右上に添付した写
真は，宮崎県にあり近年焼酎の売上高が全国 1 位を記録した著名な酒造会社の新
工場で，そして原材料には裂罅水を利用しているそうです．

36

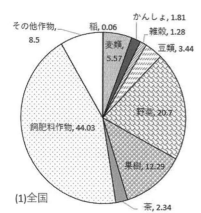

サツマイモ（かんしょ）を原料とする芋焼酎を生産する宮崎県の酒造会社.

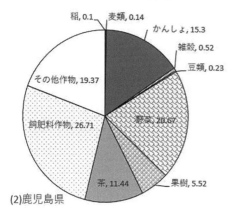

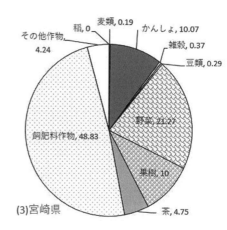

図 2-17　全国および鹿児島県・宮崎県の畑における農作物作付面積の割合

文献

石塚吉浩・尾崎正紀・星住英夫・松浦浩久・宮崎一博・名和一成・実松健造・駒澤正夫 2009. 20万分の1地質図幅「中津」. 地質調査所.

泉 拓良 1996. 縄文土器の成り立ち. 泉 拓良編『縄文土器出現（歴史発掘2）』49-68. 講談社.

浦田健作・藤井厚志・吉村和久・井倉洋二 1997. 平尾台の水文地質. 日本地質会第104年学術大会見学旅行案内書, 189-215.

小野映介 2014. グレート・ジャーニーの行方　低地居住の過去・現在・未来. 宮本真二・野中健一編『ネイチャー・アンド・ソサイエティ研究 第1巻 自然と人間の環境史』31-58. 海青社.

貝塚爽平・鎮西清高編 1986.『日本の山』岩波書店.

九州農政局統計部統計企画課 2018. 第 64 次九州農林水産統計年報（平成 28 〜 29 年）. http://www.maff.go.jp/kyusyu/toukei/hensyu/64nenpou.html#nouringyouhen（最終閲覧日：2018 年 6 月 27 日）

黒田圭介・黒木貴一 2009. カルスト台地平尾台における昆虫分布の土壌・地形・気温条件. 環境情報科学論文集 23: 203-208.

小出 博 1973.『日本の国土 下　自然と開発』東京大学出版会.

小岩直人 2017. 日本人が生活する地形を俯瞰する. 科学 86：523-525.

グリーンルネッサンス事務局 1991.『日本の滝 100 選』講談社.

産業技術総合研究所地質調査総合センター HP：地質 Navi. https://gbank.gsj.jp/geonavi/（最終閲覧日：2018 年 7 月 3 日）

杉谷 隆・平井幸弘・松本 淳 1993.『風景のなかの自然地理』古今書院.

鈴木隆介 2000.『建設技術者のための地形図読図入門 第 3 巻　段丘・丘陵・山地』古今書院.

鈴木隆介 2004.『建設技術者のための地形図読図入門 第 4 巻　火山・変動地形と応用読図』古今書院.

鈴木忠司 2010. 旧石器時代遺跡の立地. 稲田孝司・佐藤宏之（編）『日本の考古学講座 1 旧跡時代 上』217-234，青木書店.

袖山研一 2012. シラスの工業的利用について．Civil Engineering Consultant 256: 24-27.

千田 昇 1971. 都城盆地の地形発達―とくに蛤良軽石流堆積後―. 東北地理 23: 102-109.

平 朝彦 1990.『日本列島の誕生』岩波新書.

日本地形学連合 2017.『地形の辞典』朝倉書店.

福岡県 2000.『平尾台カルストの自然』.

細野 衛・佐瀬 隆 2015. 黒ボク土層の生成史：人為生態系の観点からの試論. 第四紀研究 54：323-339.

北海道十勝総合振興局 2018 2017 十勝の農業. http://www.tokachi.pref.hokkaido.lg.jp/ss/num/2017 tokachihyoushi.pdf（最終閲覧日：2018 年 9 月 10 日）

町田 貞 1984.『地形学』大明堂.

町田 洋・新井房夫 1992.『火山灰アトラス―日本列島とその周辺』東京大学出版会.

水谷武司 2018.『東京は世界最悪の災害危険都市 日本の主要都市の自然災害リスク』東信堂.

村山良之 1995. 地震と地盤. 仙台市史編さん委員会編『仙台市史 特別編 1 自然』仙台市，470-482.

横山勝三 2003.『シラス学』古今書院.

吉田国光・渡辺悌二 2018. 十勝地域における「大規模農業」の軌跡とこれから. 地理 63-8：32-39.

38

第3章

丘陵編 里山と
新しい街並みの舞台

・・

1. はじめに

　平野の周辺や山地の縁にみられる，「低いなだらかな山」を丘陵といいます.
いわゆる里山として，かつては農山村で暮らす人々の生活に利用されていた地形
でもあります.

　図 3-1 に示したのは，仙台市の青葉山丘陵の例です．手前の市街地が広がる部
分は台地，遠方の山並み（スカイライン）が山地，両者の間に位置するのが丘陵
です．全体的に高さがよく揃っていることがわかります．この特徴を定高性と呼
びます.

図 3-1　市街地の背後にひろがる丘陵の例（仙台市青葉山丘陵）
写真上部左方の三角形の高まりは，丘陵上の突出峯（残丘）.

　丘陵は，軟岩と呼ばれる地盤でできています．低地の沖積層のような軟弱地盤
と山地をつくる硬岩との中間的な"固まりかけ"と理解すればよいでしょう．ただ，こうした軟岩中に硬い岩が含まれていると，その部分だけ図 3-1 にもみられるような突出峯（残丘）となります．このような地形の存在は，丘陵全体に地面を削ろうとする作用（削剥）が働いていることをうかがわせます．硬岩部分が取り残されるのは，削剥作用に対する抵抗性が軟岩部分より大きいからです．では，こうした丘陵に対する削剥作用とはどのような働きなのでしょうか．

　上空から丘陵を見下ろした図 3-2 をみてください．森で覆われて濃色を呈する丘陵の中に，枝分かれした谷（薄い色の部分）が入り込んでいるのがわかります．つまり丘陵は，川の作用で刻まれたり，斜面の一部が崩れたりすることによって，少しずつ削剥されているのです．その結果，丘陵は削り残しである尾根部，河川の流れている谷部，そして尾根部と谷部の間に広がる丘腹部という 3 つの部分で構成されることになります．まずは丘陵の地形をこのようにおおづかみに理解したうえで，以下，それぞれの特徴と人の営みをとらえてみることにしましょう．

図 3-2　上空からのぞむ丘陵（宮城県大松沢丘陵）
濃色の部分が丘陵．詳しくは本文参照．

40

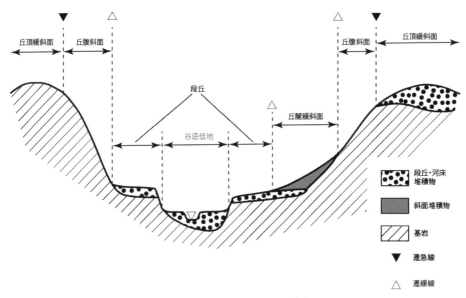

図 3-3　丘陵の小地形の模式図

田村（1990a），三浦・田村（1990）を改変.

2. 丘陵を構成する小地形・微地形

　以下，1)〜3) では尾根部・丘腹部・谷部それぞれを構成する小地形（図 3-3）について，また 4) では河川最上流部（谷頭部）にみられる微地形について説明します.

1) 尾根部をつくる小地形

　定高性を示す丘陵尾根部の, 傾斜の緩い凸型の断面をもつ斜面を「丘 頂 緩斜面」と呼んでいます. 丘頂緩斜面を連ねて想定される平らな面を「背面」と呼びます. この背面には, 砂礫層などを伴う堆積面（成因的には第 2 章で述べた段丘面と同じ）起源のものと, 堆積物を欠く侵食平坦面とがあります. 前者の場合, その形成時期を推定することが可能で, ざっと数十万年前と理解しておけばよいでしょう. 侵食平坦面の場合, 形成年代を決めるのは困難ですが, おそらくそれ以上の古さをもつと思われます. 丘頂緩斜面の周囲（外側）には, 丘腹部が広がっています. 両者の境界では, 上方の緩やかな斜面から下方の急斜面へと傾斜が不連続に変わっています. そのような傾斜の不連続部を遷 急 線と呼びます.

2）丘腹部をつくる小地形

　丘腹部は，丘陵が削剥されていく過程で地上に露出した急傾斜な部分です．こ
こをさらに細かくみていくと，丘頂緩斜面直下から中下腹部にかけての急斜面で
ある「丘腹斜面」，谷部との境界付近に広がるやや傾斜の緩い「丘麓緩斜面」，後
述する谷底面より一段高い平坦面（段丘面）と，その下方の急崖（段丘崖）との
組み合わせからなる「段丘」に分けることができます．段丘は第2章で述べた台
地の一種であり，成因からは丘腹部というより谷部的な性格をもつ地形です．し
かし丘麓緩斜面より高位の段丘面もありますし，人の暮らしとのかかわりの点か
らも，ここでは丘腹部の小地形とみなすことにします．

　丘腹斜面は傾斜30度を超えることもある，丘陵で最も急な地形です．地表面
はやや不安定（削られやすい）で，表層崩壊が起きて基岩が露出している部分も
あれば，移動物質が局部的にやや厚くたまっている所もあります．その下方には，
遷緩線（上方に急斜面，下方に緩斜面が位置するような傾斜不連続部）を挟んで，
最大傾斜20度くらいの丘麓緩斜面が位置します．丘腹斜面から移動してきた斜
面堆積物でつくられることが多いものの，ごく薄い土しかない場合もあります．
また明瞭な丘麓緩斜面がみられず，丘腹斜面からそのまま段丘面や谷底面に移行
する場合もあります．段丘のでき方は第2章でも述べましたが，かつての谷底面
が掘り下げられて，段丘面と段丘崖ができます．

　丘腹斜面の形成時期を決めることは簡単ではありません．背面ができた後に丘
腹斜面の形成（削剥）が始まったことは明らかですが，背面のできた時期自体，
必ずしも特定できるわけではありません．また背面の形成時期がわかっていると
しても，その後の削剥は，同じ場所で何度も繰り返し発生し，現在も続いている
といえます．したがって形成時期を限定しやすい河岸段丘・海岸段丘の場合とは，
考え方を切り替える必要がありそうです．丘腹斜面（段丘面の部分は除く）の形
成時期については，「背面形成後から現在まで」とみなすのが，間違いのない言
い方になるでしょう．ただし，その間，削剥の程度や様式は，時代ごとの気候そ
の他の条件に応じて変化してきたと考えられます．

3）谷部をつくる小地形

　谷底低地とは，河道の両側に広がる，現河床とほぼ同じ高さの平坦な部分をいい

42

ます．川の流量が増えれば冠水することもありますし，流量が少ない時でも湿っています．いままさに流水やそれに伴う土砂移動のみられる場所ですから，現在形成途上の地形といえます．

4）丘陵谷頭にみられる微地形

丘陵の削剥に大きな役割をはたしているのは河川です．その河川の始まりの部分を谷頭部といいます．枝分かれした支流を下流からたどっていけば必ず谷頭部に行きつくわけですから，丘陵内には多数の谷頭部が存在します．とはいえ，河川水のもとである降水が降り注ぐ広大な範囲に比べて，谷頭部は丘陵のごく一部に点在するにすぎません．ということは，そもそもほぼ均等に降ったはずの雨水は，なんらかの仕組みによって谷頭部に集められ，河川となって流れ出しているのだと考えるしかありません．それは一体どのような仕組みなのでしょうか？

図3-4は，ある丘陵にみられる谷頭部（の一部）を下流側から撮影したものです．円で囲んだ部分では高さ2m弱の崖に穴（パイプと呼びます）があいていて，そこから始まった水路が手前側（矢印の向き）へと続いています．写真撮影時には水の流出は確認できませんでしたが，まとまった雨が降った後などに訪れると，

図 **3-4** 谷頭凹地末端にみられるパイプと水路の例（宮城県大松沢丘陵）
実線：遷急線，破線：遷緩線．

勢いよく水が流れ出ていることもあります．どうやら，この部分が「川の始まり」のようです．水路の両側は遷急線で囲まれており，その下方は「下部谷壁斜面」と呼ばれる急斜面です．一方，遷急線の上方には，明瞭な水路のみられない浅く窪んだ地形が広がっています．この地形を「谷頭凹地」といい，三方をやや急な斜面（上部谷壁斜面）で囲まれています．谷頭部では，どこでもこれと似たような微地形が同じように配列していることがわかっています．

　図3-5は谷頭付近にみられる微地形単位や水の動きを模式的に表したものです．谷頭凹地を囲む頂部斜面の内側（谷頭凹地側）に降った雨水は，地表面の傾斜に応じて下方に流れてきます．この場合，水は地中に浸み込んで土の中のすき間やパイプを通って流れてきます．上部谷壁斜面からこのようにして集まってきた水は，谷頭凹地末端部で地上に現れ，河川水となります．つまり谷頭凹地およびそれを囲む頂部斜面・上部谷壁斜面は，丘陵内に降った雨水を一カ所に集め，

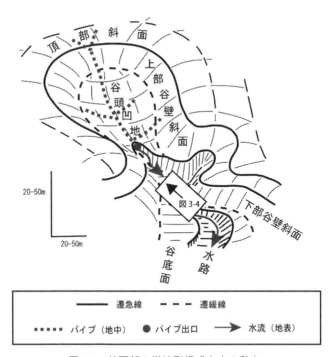

図 3-5　谷頭部の微地形構成と水の動き
田村（1990b）を改変．図3-4は図中枠内の矢印の方向で撮影したもの．

河川を発生させる役割を担っているといえます．また強い雨が降った後など，水路を囲む遷急線付近で表層崩壊が発生することがあり，崩れた土砂は水路を流下していきます．こうして，丘陵は河川とその周辺の斜面を中心に徐々に削られていくのです．なお以上のような谷頭部は，最終氷期（数万年前）頃に発生した，やや規模の大きな崩壊によってその概形がつくられたと考えられています．

3. 丘陵と人のかかわり

　次に，これまで述べてきた丘陵の地形と人とのかかわりについてみていくことにします．そのあり方は，過去数十年のうちに，社会経済的条件の変化に伴って大きく変わりました．そこで以下では，丘陵が主に里山として利用されていた時代と高度経済成長期以降とに分けてみていくことにします．

1）里山景観と丘陵の地形

　図3-6には，宮城県富谷丘陵の地形図（1964年）の一部を示しました．時期的には高度経済成長期にあたりますが，この地形図の範囲内にはまだ都市的土地利用はみられず，丘陵の自然地形と伝統的な土地利用が残されています．

　主な土地利用と地形との関係に注目してみると，谷底低地に水田が広がっていることがわかります．丘陵を刻む谷には谷津・谷戸の呼称もあるので，こうした水田を谷津田などと呼ぶこともあります．水田に隣接して農業用水用のため池もみられます．ため池の上流側には，先に述べた谷頭凹地が分布します（図3-7）．つまり谷頭凹地（谷頭部）から流出する水で涵養されたため池が，里山での水田耕作を支えていたといえます．丘頂緩斜面や丘腹斜面（等高線の比較的密な部分）は，大半が雑木林（かつて薪炭林や農用林として利用されていた）で占められています．また家屋は谷底面と丘腹部との境界（丘麓緩斜面や段丘面）付近にみられます．このように伝統的里山景観を構成する土地利用は，丘陵地の小地形・微地形と密接に関係しているのです．図3-8は，図3-6と同じ富谷丘陵で撮影した景観写真ですが，以上のような小地形と土地利用の対応関係が認められることがわかります．

　このような対応関係が成立しているのは，各小地形の特徴が，それぞれの土地利用に好都合な条件を提供しているためです．谷底低地は水の入手が容易で，あ

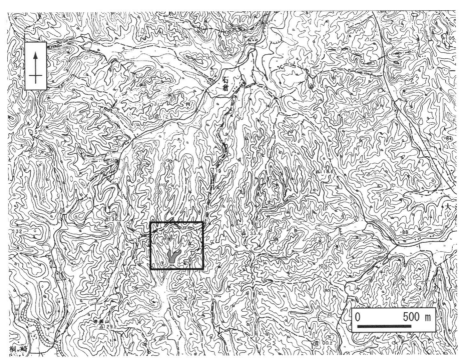

図 3-6　1964 年当時の宮城県富谷丘陵
国土地理院発行の 1/25,000 地形図による．西城（2016a）．実線枠は図 3-7 の範囲を示す．

図 3-7　ため池と水路・谷頭凹地
範囲は図 3-6 中に表示．

図 3-8　宮城県富谷丘陵の里山景観
谷底低地には水田，段丘面・丘麓緩斜面に家屋，
丘腹斜面以上に森林がみられる．

46

る程度まとまって平らな地表面が確保できるため，水田に利用されます．家屋は，水害防止などの観点から，谷底低地とある程度の距離や比高を保つ必要があり，山すそ（段丘面や丘麓緩斜面）につくられたのでしょう．丘腹斜面〜丘頂緩斜面が薪炭林・農用林として利用されたのは，傾斜地で農耕・居住に適さないからというのが最大の理由と思われますが，炭焼きにとっては，むしろ傾斜地の方が適していたとの見方もあります（西城 2016b）．

　このように伝統的里山景観は丘陵の小地形・微地形をその成立基盤としてきました．動力に頼ることのなかった昔の人にとって，農耕や山仕事を営むうえで，以上のような特徴を備えた小地形・微地形がモザイク状に分布する丘陵は，とても使いやすい土地だったのかもしれません．

2）高度経済成長期以降の変化

　1950〜1970 年代にかけての高度経済成長期以降，前節で述べた里山をめぐる社会的状況は大きく変化することになります．燃料革命により薪炭林・農用林が不要となったことに加え，都市部への人口流出や農業人口の減少もあり，里山は利用されなくなります．一方で，経済成長に伴って増大する土地需要を満たすため，里山には住宅団地・学校・工場用地・レジャー施設などが造成されていきます．

　その際，丘陵の自然地形そのままではこれらの土地利用に適さないため，開発

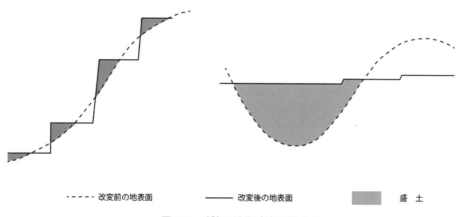

- - - - - 改変前の地表面　　　　──── 改変後の地表面　　　　▨ 盛　土

図 3-9　丘陵の地形改変の模式図
阿部・村山（1982）を改変.

目的に見合うような地形改変が進められました．たとえば切土・盛土によって丘腹斜面がひな壇型に整地されたり，より大規模に尾根（丘頂緩斜面や丘腹斜面上部）が削られ谷（丘腹斜面下部や谷底低地）が埋められたりしました（図 3-9）．軟岩でできた丘陵では，動力を使えばこうした地形改変は容易でした．

　図 3-10 には，図 3-6 と同じ範囲の 2000 年頃の 1/25,000 地形図を示しました．図の範囲の北西部にまでは開発が及ばず，その部分には昔とあまり変わらない里山景観が広がっているものの，図の南部から東部は住宅団地・工業団地・ゴルフ場・教育施設などに様変わりしています．かつてはなかった地名・町名も多数出現しています．この開発部分では等高線が判読しにくいかもしれませんが，もともとの起伏がならされていることはわかります．つまり大規模な地形改変がなされたのです．開発前の地形や土地利用は，所々に残る池（かつての谷底低地）に面

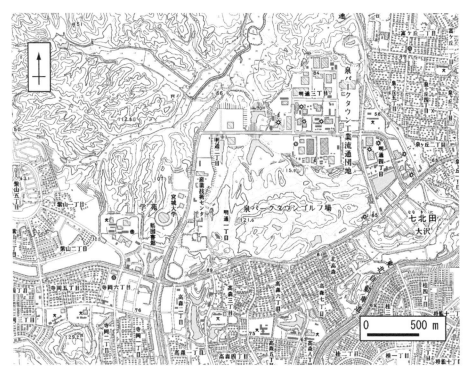

図 3-10　図 3-6 と同範囲の 2000 年頃の富谷丘陵
国土地理院発行 数値地図 25000 による．

48

影をとどめる程度です．このように，高度経済成長期を境に，人は丘陵地形を「利用する」というより「つくり変える」ようになりました．

　こうした人の丘陵地形とのかかわり方の変化が，経済成長に資するものであったことは確かでしょう．しかし一方で，予期せぬ負の影響をもたらすことにもなりました．1978年6月12日に発生した宮城県沖地震で震度5を記録した仙台市では，丘陵に造成された住宅団地の盛土部を中心に多数の崩壊が発生したのです（第2章図2-4参照）．この災害を契機に，傾斜地に造成された人工地形（地盤）のリスクが広く認知されることになったものの，2011年の東日本大震災において，丘陵に造成された団地で同様の地形災害が発生しています（阿子島2018）．

　かつて，人は丘陵の地形特性をよく理解し，その合理的な利用を図りながら暮らしを築き上げてきました．そうした丘陵における人の暮らしぶりの具体的なかたちが里山景観といえるでしょう．高度経済成長期以降，人は自らの利用目的に合わせて地形をつくり変えるようになりますが，その結果として生み出された人工地形は，便利な反面，災いをもたらしかねない性格も併せもつことが明らかになりました．こうした丘陵地形と人との関係史は，自然との向き合い方を考えるうえで示唆に富む事例といえるのではないでしょうか．

文献

阿子島 功 2018. 東日本大震災における地盤災害と土地造成履歴．東北地理学会編『東日本大震災と地理学』23-36. 笹氣出版.

阿部 隆・村山良之 1980. 仙台周辺の地形改変と都市問題．地理 67-9: 44-51.

西城 潔 2016a. 歴史性と人の営みに着目した里地里山景観の理解とその教育への展開事例．宮城教育大学環境教育研究紀要 18: 35-41.

西城 潔 2016b. 微地形と里山利用―伝統的な炭焼きを例に―．藤本 潔・宮城豊彦・西城 潔・竹内裕希子編著『微地形学―人と自然をつなぐ鍵―』311-322. 古今書院.

田村俊和 1990a. 丘陵地とは．松井 健・武内和彦・田村俊和編『丘陵地の自然環境―その特性と保全―』1-4. 古今書院.

田村俊和 1990b. 微地形．松井 健・武内和彦・田村俊和編『丘陵地の自然環境―その特性と保全―』47-54. 古今書院.

三浦 修・田村俊和 1990. 土地利用の歴史と二次林の成立過程．松井 健・武内和彦・田村俊和編『丘陵地の自然環境―その特性と保全―』20-27. 古今書院.

第4章

変動帯ならではの
地形と人の営み

1. はじめに

　日本に住んでいると，日本の各地で起こっている火山の噴火や有感地震の
ニュースを聞かない年はないほど，火山活動と地震活動は日本に住む人にとって
身近な現象です．日本の面積（排他的経済水域を含む）は，地球表面の1%に満
たないにもかかわらず，活火山や地震の数でみると，世界中に分布する活火山の
約10%，世界中で発生する地震の約10～20%が日本に集まっています．これは
国土の表面積比でいえば10倍以上の数といえるでしょう．このように，火山活
動や地震活動は，地球上で万遍なくみられるのではなく，非常に偏りがあり，特
に，日本とその周辺は世界のなかでも火山活動と地震活動が活発な地域，「変動帯」
にあるのです．本章では，変動帯を特徴づける火山と地震活動に関連した地形（変
動地形）を概説し，それらを通して変動帯と私たちの暮らしについて考えます．

2. 変動帯にみられる地形

　図4-1は，日本列島周辺の地形を俯瞰したものです．日本海溝や伊豆・小笠原
海溝，南海トラフは大洋を深く刻み，日本の陸地はそれと平行する高まりである
ことがわかります．こうした地形は，日本列島がユーラシアプレート，北米プレー
ト，太平洋プレート，フィリピン海プレートなど少なくとも4つのプレートから
構成されていることと深く関係します．たとえば，日本海溝と伊豆・小笠原海溝
は，太平洋プレートが地球内部に深く沈むことによって形成された地形で，火山
に代表されるような，島弧の成長を促すマグマの活動は，沈み込んだプレートが
運び込む水によって地下深くでマグマが生成されることに始まります．このよう
に日本列島周辺では海溝から島弧を一つの系とする大地の動きが起きているので
す．こうした大地の動きの原動力は地球内部の熱エネルギーであり，一般に，地
殻がさまざまな力を受けて変位・変形することを「地殻変動」と呼びます．地殻

図 4-1　日本列島周辺の俯瞰図
垂直方向に 50 倍誇張している.

変動には，地盤の隆起や沈降，これに伴う褶曲や断層運動，火山の噴火などがあり，大陸や大洋底などのように形成に何億年も要する地形から，数百万〜数十万年かけて形成された山地・丘陵や盆地，数カ月間の噴火活動によってできた火山体，十数秒の揺れとともに出現する断層崖などのように短期間で形成される地形まで，その時間的空間的スケールはさまざまです．そこで，本章では現在を含めた最も新しい地質時代（第四紀）の地殻変動に限定して解説していきます．

1）火山の凸地形と凹地形

世界中で火山活動がみられる地域は，プレートの収束境界・発散境界，ホットスポットです．プレートの収束境界・発散境界では地殻内にマグマが上昇し，地表噴出して火山が生まれ，プレート内部のホットスポットではハワイ諸島のような火山が形成されます（文部科学省 2018）．火山地形は地下のマグマが，溶岩や火山砕屑物などのさまざまな形で地表に噴出し，堆積した全体的には凸の形をなす地形で，この凸地形の中に，陥没によるカルデラ，噴火に伴う火口，侵食による開析谷などの凹地形が付加されます．さらに，温泉水の通過による岩の劣化を背景とした斜面崩壊，山体崩壊による流れ山，せき止めや湧水による水域など独特の小地形が加わり，火山はそれぞれ特有の地形景観をつくっています．

火山地形は，地表に噴出したマグマ（溶岩）の粘性との関係が深く，たとえば，

マグマの粘性が高い流紋岩質マグマの場合には，溶岩円頂丘や火山岩尖などの突
出した形状の火山となり，中程度の粘性の安山岩質マグマの場合には，円錐形の
秀麗な形状の火山，粘性が低い玄武岩質マグマの場合には，盾を伏せたようなな
だらかな形状の火山となります（図 4-2）.

　そして，富士山は溶岩と火山砕屑物が交互に積み重なった地質をもつ成層火山，

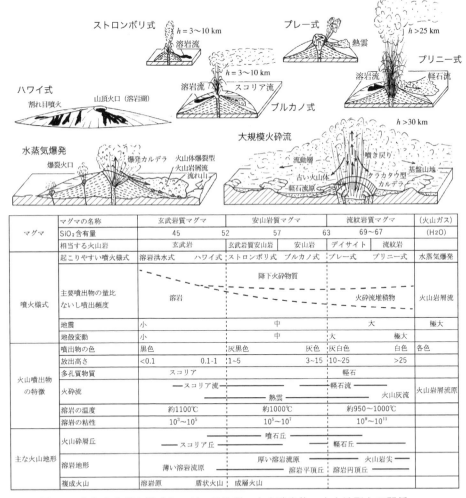

マグマ	マグマの名称	玄武岩質マグマ		安山岩質マグマ		流紋岩質マグマ		（火山ガス）
	SiO₂含有量	45	52	57	63	69〜67		(H₂O)
	相当する火山岩	玄武岩	玄武岩質安山岩		安山岩	デイサイト	流紋岩	
噴火様式	起こりやすい噴火様式	溶岩洪水式　　ハワイ式		ストロンボリ式　ブルカノ式		プレー式　　プリニー式		水蒸気爆発
	主要噴出物の量比ないし噴出頻度	溶岩		降下火砕物質		火砕流堆積物		火山岩屑流
	地震	小		中		大		極大
	地殻変動	小		中		大	極大	
火山噴出物の特徴	噴出物の色	黒色		灰黒色	灰色	灰白色	白色	各色
	放出高さ	<0.1	0.1-1	1〜5	3〜15	10〜25	>25	
	多孔質物質	スコリア				軽石		
	火砕流	スコリア流		熱雲		軽石流	火山灰流	火山岩屑流原
	溶岩の温度	約1100℃		約1000℃		約950〜1000℃		
	溶岩の粘性	10^3〜10^5		10^5〜10^7		10^9〜10^{11}		
主な火山地形	火山砕屑丘	スコリア丘		噴石丘		軽石丘		
	溶岩地形	薄い溶岩流原		厚い溶岩流原		溶岩平頂丘　溶岩円頂丘	火山岩尖	
	複成火山	溶岩原	盾状火山	成層火山				

図 **4-2**　主な火山噴火様式とマグマの性質・火山噴出物・火山地形との関係

鈴木（2012）を一部改変.

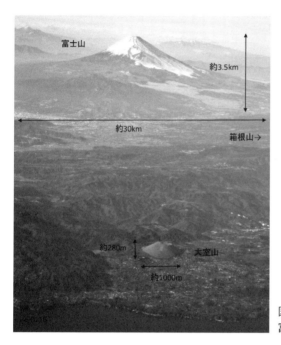

図 4-3 南東からみた
富士山と大室山

伊豆半島の大室山は火山砕屑物が火口周辺に堆積して生じた円錐形の火山砕屑丘です。図 4-3 は，伊豆大島上空から手前に円錐形の小火山の大室山，遠方に富士山を望んだ風景です。富士山の裾野は約 30 km で，麓から山頂までの高さは約 3.5 km，大室山の裾野は約 1,000 m で麓から山頂までの高さは約 280 m です。この 2 つの火山は，形状こそ似ていますが山体の規模の違いは歴然です。教科書では，実際のスケール比が縮小された図が掲載されることが多く，図 4-3 のように同時観察する機会は少ないと思いますが，火山の大きさは，火山活動の規模に比例しています。火山活動のエネルギーを景観から感じとるためにも，正しいスケール感をもつことが大切です。

　図 4-4 は，有珠山付近の地図です。ここには，北に洞爺湖をつくる洞爺カルデラ，その南に成層火山の有珠山があります。有珠山は，頂上部にカルデラを擁しており，そのなかに溶岩ドーム（溶岩円頂丘）の大有珠，小有珠が，その東部では側火山として溶岩ドーム（火山岩尖）の昭和新山があます（高橋・小林 1998）。この場所で 2000 年に噴火活動が生じ，火山灰，泥流，地殻変動による地割れによ

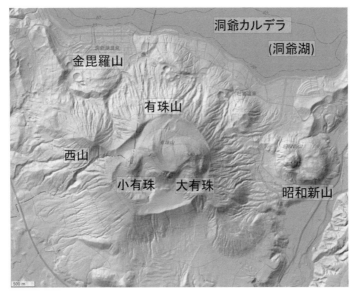

図 4-4　有珠山付近の陰影図
作図には地理院地図を使用.

る被害が生じ，また火山砕屑丘の形成もみられました（中田・渡辺 2000）．このように，一つの火山地域であっても，マグマの性質や規模，位置，地質・地形などの条件は変化し，いろいろな規模や性質の火山活動の結果，大小の火山地形が同じ場に併存し，火山体が構成されていくことがあるのです．円錐形のきれいな山＝成層火山というようにシンプルなとらえ方だけでは，もったいない．自然はより多くの時空間的スケールの異なる現象の結果を私たちにみせています．そしてこの一帯は洞爺湖有珠山ジオパークとしてユネスコ世界ジオパークにも認定されています．多くの種類の火山型がみられることから，火山や防災学習・教育の拠点としても期待される場所です．

　さて，火山は一方的な凸地形をつくるだけでなく，その開析・崩壊を経て平坦化も起こります．それは，1888 年磐梯山噴火の山体崩壊のように突発的な地形変化もあれば，降雨などによる日常の侵食による継続的な地形変化もあります．このような火山体の侵食は，地形の侵食輪廻を念頭に，山麓地形の発達と対になっていると考えられ，山体を刻む開析谷の発達をその年齢と関連づける研究（鈴木

54

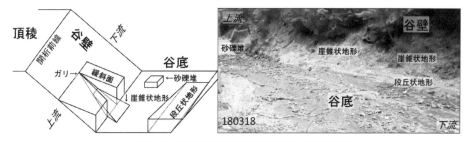

図 4-5　高千穂峰の開析谷景観と地形モデル

1969）がなされてきました．その後，侵食後に堆積したはずの山麓地形から火山形成史を復元すると，逆に山体を刻む開析谷との関連性が薄い結果も得られました（黒木 1995）．火山は同じ場所で形成と破壊を繰り返しているので，火山の今ある開析形状から新旧を判断するには若干の注意が必要です．次に開析プロセスの一例として，山体を刻む開析谷内で生じた，火山噴火後の極短期の地形変化を紹介します．

　2011 年霧島新燃岳噴火では，主にその南東域に降灰し，高千穂の峰の麓は最大 10 cm 厚の軽石質火山灰で覆われました．この火山灰は，斜面では降雨により急速な侵食・運搬が，平坦地では土壌化が進行していき，そして水系に取り込まれた火山灰は，開析谷内でさまざまな地形変化を示しました（磯・黒木 2017）．火山であれ開析谷は斜面なので，下位より谷底，谷壁，頂稜の山地・丘陵地にみられる斜面地形セットをもちます（図 4-5）．谷壁と頂稜間は開析前線であり，谷壁には斜面崩壊や地すべりの痕跡が数多く残っています．その開析谷全体を覆った火山灰は頂稜で安定ですが，谷壁では侵食と運搬，谷底では運搬と堆積という形成プロセスがあり，噴火直後から谷壁と谷底での地形変化は激しさを増しました．結果，谷壁では火山灰を主体としたガリ，緩斜面，崖錐状地形が，谷底では火山灰を混入させる土砂による段丘状地形や砂礫堆が形成されました．2019 年現在も，新燃岳では谷壁の形成プロセスは表層クリープも加わりまだ活発です．このなか，火山灰移動の少ない頂稜と似た環境の高千穂の峰頂上では，約 20 cm の降灰で多くの植物は埋没したままです．しかし，火山活動で生態系が撹乱された後の優占種とされ，初夏に紫の可憐な花を咲かせるミヤマキリシマは，いち早く火山灰の下から新芽を延ばし回復に向かっています（図 4-6）．

図 4-6　火山灰に埋没した
ミヤマキリシマ

2）地震の繰り返しを記録した地形──変動地形・断層変位地形──

　日本列島およびその周辺で発生する地震のうち，海域のプレート同士の境界面で発生するプレート間地震は，海溝型地震とも呼ばれ，千島海溝・日本海溝・駿河トラフ・相模トラフ・南海トラフなどでは巨大地震が繰り返し発生してきたことが知られています．陸側の地殻内部で発生する内陸地震は，地下浅部（概ね 20 km 以浅）で，岩盤強度の低い弱面（断層）が動くことによって発生します．それは私たちの生活基盤である土地の直下で発生することから直下型地震とも呼ばれています．地震の時に岩盤がどのようにずれ動くのかは，岩盤に加わる力の向きによって変わります（図 4-7）．具体的には，引っ張りの力を受けると，片側の岩盤が断層面に沿ってすべり落ちるようにずれます（正断層）．これとは逆に，圧縮の力を受けると，片側の岩盤が断層面に沿って，もう一方の岩盤の上にのし上がるようにずれます（逆断層）．そして，水平方向の引っ張りと圧縮の力が合わさることによる剪断の力を受けると，断層面を挟んで岩盤が水平方向にずれます（横ずれ断層）．地震時に地下でずれ動いた断層は"震源断層"と呼ばれ，その面積やずれ量が大きいほど，地震の規模も大きくなっていきます．地下で生じた断層運動はしばしば地表にまで届き，地表面を上下や左右にずれ動かします．そのずれは線状の分布を示し"地表地震断層"と呼ばれます．図 4-8 は 2000 年以降に発生した地震での地表地震断層の様子です．これまでの経験では地表地震断層の性状は，地震波や GNSS（全球測位衛星システム）を用いた観測などで確かめられた地下の震源断層の広がりや動きとも概ね一致することが報告されています（大地震とともに現れた変状のなかには，強い地震動によって生じた二次的な

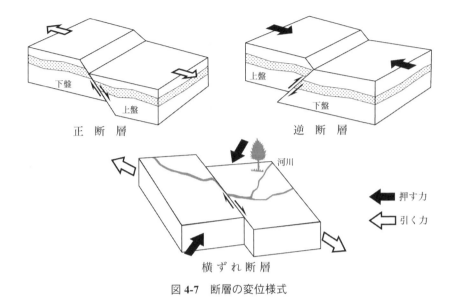

正 断 層　　　　　　　逆 断 層

河川

押す力
引く力

横 ず れ 断 層

図 4-7　断層の変位様式

a)

b)
白馬村塩島

c)

いわき市常磐藤原町

益城町下陳

地表地震断層の位置

図 4-8　最近の地震で観察された地表地震断層
　　　a）2011 年福島県浜通りの地震（Mj 7.0）.
　　　b）2014 年長野県神城断層地震（Mj.6.7）廣内大助氏提供.
　　　c）2016 年熊本地震（Mj 7.3）.

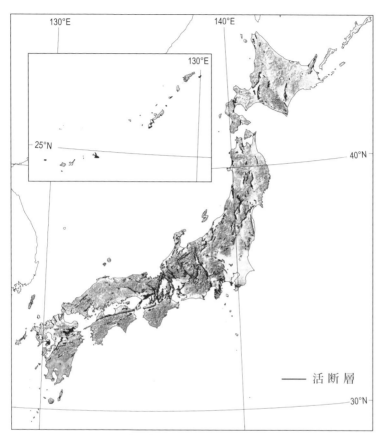

図 4-9　日本列島（陸上）における活断層の分布
中田・今泉（2002）より作成.

ものもあり，地表地震断層の認定には留意も必要です）．そして，地表地震断層
をはじめとする断層運動による地表の変状が，長く地形として残っていくことで，
私たちは地下で生じた大地の動きを，地形を通してとらえることができるのです．
　さて，最近の地質時代に繰り返し地盤を上下，あるいは左右に動かしてきた断
層は，近い将来も動く可能性のある断層として一般に活断層と呼ばれます．図
4-9は活断層詳細デジタルマップ（中田・今泉 2002）を基にした日本の活断層図
です．なんと活断層の多いことでしょうか．ちなみに，海にも当然のことながら
活断層が存在しています．特に沿岸部に分布している活断層は，陸上へも影響を

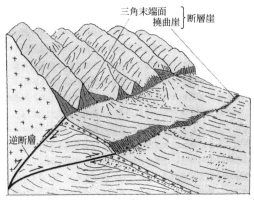

三角末端面
撓曲崖　　｝断層崖

逆断層

上下に動いてできた地形

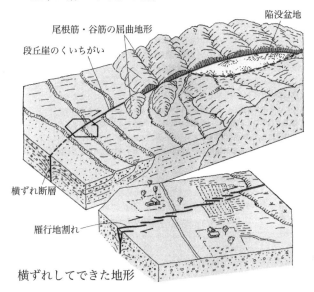

尾根筋・谷筋の屈曲地形

陥没盆地

段丘崖のくいちがい

横ずれ断層

雁行地割れ

横ずれしてできた地形

図 4-10　断層運動に伴う
地形（断層変位地形）
中村ほか（1995）を一部改変.

　もたらすので要注意です．活断層図からは，日本の盆地や平野の縁に活断層が多く分布している様子が読みとれます．図4-10には断層運動による地形を示しています．地震のたびに地盤が上下にずれ動くと隆起側の土地はやがて山となり，活断層を境界とする山地と低地の分化が進んでいきます．そして，隆起・沈降の境界には沈降した側に向いた三角形の山の斜面（三角末端面）や扇状地などを横切る崖（断層崖）ができていきます．一方，横ずれ断層が繰り返し動くとそれに

沿って山の尾根や谷筋が左右に食い違っていきます．また，断層が分岐している
ところでは土地が陥没して盆地や湖を形成したり，逆に高まりを形成したりする
こともあります．このような断層のずれ（変位）を示す地形は断層変位地形，そ
して，これ以外にも広域的な地殻変動を示すような地形を含めて「変動地形」と
定義されます．変動地形は過去の大地震を物語るだけでなく，将来の大地震が起
こる場所を指し示す地形なのです．

　図 4-11 は，1896 年に M7.2 の地震（陸羽地震）を発生させた「千屋断層」と
その活動によって形成された変動地形を示しています．千屋断層は，奥羽山脈と
横手盆地の間にある逆断層で，約 230 万年前から逆断層として活動を続けていま
す．その結果，断層の隆起側は奥羽山脈となり，沈降側は横手盆地となりました．
さらに，約 150 万年前頃から千屋断層は山地境界から 3 km ほど西側に離れた場

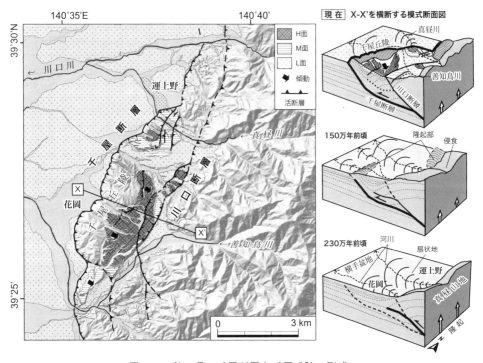

図 4-11　秋田県・千屋断層と千屋丘陵の形成
楮原ほか（2006）を一部改変．太実線は各ステージにおいて断層運動の主体となる断層で，細実線
はそれに比べて活動度が低い断層である．次のステージでは，破線の断層に沿った断層運動が始まる．

60

図 4-12　上空からみた房総半島南端の野島崎

　所に，活動の領域（地表地震断層の崖が出現する場所）が移動しました．その結
果，それまで扇状地がひろがるような低地だった場所が丘陵へと姿を変えること
となりました．そして扇状地をつくっていた河川はというと，下流側が隆起する
ような動きが続いたため，強制的に高まりを避けるように流路を転じました．そ
の様子は，新旧の段丘面の分布から読み取ることができます．このように，逆断
層が分布している地域では，上下運動の結果としての高まりやその形成による影
響を受けた地形がみられます．
　図 4-12 は，房総半島南端にある野島崎です．地名から想像するに「野島」と
いう島にかかわりのある「岬」のようです．少なくとも源頼朝が合戦を繰り広げ
た平安時代末期，頼朝が目にしたのは数百 m 沖合に浮かぶ「野島」という島でした．
しかし，1703 年 12 月 31 日（元禄 16 年 11 月 23 日）未明に発生した地震（元禄
関東地震）を境に島ではなくなります．この元禄関東地震は相模トラフ沿いで発
生したプレート間地震の一つとされ，この時，房総半島南端で地盤が 5 m 以上隆
起したことが明らかにされています（図 4-13a）．しかし，野島崎が経験した地震

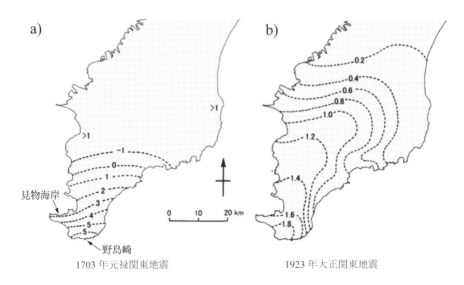

図 4-13　1703 年元禄関東地震と 1923 年大正関東地震における房総半島の地殻変動
宍倉（2001）および宍倉ほか（2014）より．単位はm．写真は見物海岸の海岸段丘，宍倉正展氏提供．

はこれだけにとどまりませんでした．1923 年大正関東地震（M7.9）です．この
地震は明治以後最大の自然災害をもたらし，房総半島南端では地盤が最大約 2 m
隆起し，北東への傾動も確認されました（図 4-13b；陸地測量部 1926）．ちなみに，
図 4-12 で最低位にある平坦な面（露岩している部分）は，大正関東地震で離水
した波食棚（岩石海岸の海面すれすれに形成される平坦面＝ベンチ）です．この
ようにプレート間地震は，陸の岩盤に広域的な隆起あるいは沈降をもたらします．

さらに，両地震とも相模トラフ沿いのプレート間地震ではあるものの，地盤の隆起・沈降のパターン，量に違いがみられます．こうした隆起・沈降のパターンはプレート境界のどの範囲がどの深さまでずれたのかで決まり，地震性隆起が卓越する地域の海岸には，何段にもわたる海岸段丘や離水ベンチが形成されていくことになります．

　これまでは，何気ない日常の景観だった——ちょっとした坂道や曲がった道，海岸際の高台も，じつは大地の変動の痕跡なのかもしれません．そう思うと，本書を読んだ後の散歩はいつもと違うかもしれません．

3. 変動帯「日本」で注意したい脅威

　日本を変動帯たらしめる活発な火山活動や地震は，プレートの運動が変化しないかぎり，その発生を止めることはできません．しかし，現在も日本列島に多くの人が住み，高度な社会を維持しています．そのため，私たちは将来にわたり火山や地震の脅威にさらされながらも，うまく付き合っていく必要があります．ここではまず火山や地震の脅威をみてみます．

1）火山の脅威

　これまでに紹介してきたように火山地形には，溶岩や火山砕屑物などからなる高まり，カルデラや火口，開析谷などの凹地形，斜面崩壊や山体崩壊による流れ山など，形態や規模の異なるさまざまな地形が含まれていました．このことは，そうした地形変化が生じる際に，私たちに降りかかろうとする災害もさまざまであることの裏返しとみることができます．

　溶岩や火山砕屑物からなる高まりがみられる場所は，今後も噴火活動によって噴石や溶岩流に襲われる可能性もあり，特に活発な状況にある火山では警戒が必要です．噴火が始まると，火口から放出された噴石が直撃することにより人やモノが被害にあったり，火砕流や溶岩流が，周囲のありとあらゆるものをのみこみ，破壊・焼失・埋没をもたらします．また，激しい噴火で山体崩壊も起こり岩屑（がんせつ）なだれとなって襲ってきたり，それらが海や湖などの水域に影響する場合には津波が発生することもあります．細粒な火山灰は空中を浮遊し，火山から離れた場所（特に風下側の地域）へも被害をもたらします．火山灰が太陽光を遮ることによ

る視界不良や日照不足，目詰まり等による機械トラブル，水源を汚染することによる飲料水や農作物，水産養殖への被害などです．また，火山灰降下後に降雨があると，それまでに積もった火山灰が泥状になり，さらなる被害をもたらします．

　また，一つの火山地域であっても，いろいろな規模や性質の火山活動が起こる可能性があります．そのため，各自治体では，いくつかの噴火シナリオに基づいた避難計画や火山ハザードマップを作成し，被害軽減に努めようとしています．そして，火山噴火は高温のマグマが地表に近づいて引き起こされる現象であるため，噴火に先んじて，地上ではさまざまな現象・変化が観測されます．たとえば，地上近くにマグマが移動すると山体が膨張したり，小さな地震が発生しています．そのため，わが国では，111 の活火山を常時観測・監視し，周囲の居住地域や火口周辺に危険を及ぼすような噴火活動の予兆がみられた場合には噴火警報を発表しています．しかし，2014 年 9 月，戦後最大の火山災害といわれた 1991 年雲仙岳噴火（死者・行方不明者 43 名）の火山災害を上回る災害が御嶽山で発生し，多くの登山客が犠牲となりました（死者 58 名，行方不明者 5 名）．当時の新聞記事によれば，噴火の際の爆発音を聞いた登山客も「まさか，この山とは思わず，どこかほかの山かなという感じで……」と話すほど御嶽山は平穏にみえたようです．実際には，噴火の約 10 分前に山体の膨張や地震活動の活発化を検知したことを受けて，気象庁が噴火レベルの引き上げの準備に入った矢先の噴火でした．この噴火は決して規模の大きな噴火ではありません．当時の御嶽山の噴火警戒レベルは 1（平常）．登山者の多くは「平常＝安全」と思っていたのかもしれません．しかし，あくまで御嶽山は「活火山」．登山を長く楽しむためにも，目指す山が活火山であるかどうかを確認し，活火山であれば小規模な噴火はいつでも遭遇する可能性があるという認識と，それへの備えが必要なのかもしれません．加えて，防災・減災を呼びかける側も，火山周辺での都市化や観光地としての開発，登山ブームといった火山をとりまく状況の変化が，火山災害のリスクを変化させることを理解しておく必要があります．

2）地震の脅威

　衝撃的な出来事となった 2011 年東北地方太平洋沖地震を振り返りながら，地震の脅威についてみていきます．この地震は 2011 年 3 月 11 日午後 2 時 46 分に

発生しました．地震の規模は世界最大級の M9.0，震源は三陸沖深度 24 km，日本海溝で発生したプレート間地震（海溝型地震）でした．死者・行方不明者は約2万人にのぼります．東日本大震災と命名される大災害となったこの地震では，建物に被害が及ぶような震度 6 弱以上を観測した都道府県は東北地方を中心に 8県に及び，津波，土砂崩れ，液状化，地盤沈下，火災，建物の崩壊，ライフライン・交通網の寸断，重要施設の消失など，被害は極めて多岐に及びました．このように地震が 1 つおこると，地震とともに発生する「ずれ」と「ゆれ」を原因として次々と災害が発生していきます．ずれによる被害はプレート境界や活断層にそって生じますが，ゆれの被害は面的に生じます．また，ゆれの場合，その強さは必ずしも震源からの距離に比例せず，地域の地盤状況などによって大きく変化します．東北地方太平洋沖地震では，プレートが大きくずれ動いた先が深い海であったことが，巨大な津波の発生を招きました．また，震源断層の広がりは約 450 km ×約 150 km と非常に大きかったため，その影響範囲も広大で，東北地方から関東地方北部にかけての太平洋沿岸では地盤が最大 1.1 m 沈降し，仙台平野では（液状化や津波による洗掘も加わって）ゼロメートル地帯（平均海面以下）の面積が，地震前の約 5.3 倍に増加しました．広大にひろがった浸水域での救出・救助活動は困難を極めました．また，震源から遠く離れた平野では「長周期地震動」と呼ばれるゆっくりとした大きなゆれが発生し，高層ビルや工場などの大型建造物が被災しました．このように，ずれが生じた場所，強いゆれを感じた場所がどのような地形・地質的条件にあるのかによって，次なる災害や被害の様相が変化します．そのため，地震による災害のリスクを考える場合には，地域の自然的・社会的条件・特性をよく理解することがとても大切なのです．

　一方，東北地方太平洋沖地震のような大きな地震は，広範囲の岩盤を大きくずれ動かすだけのエネルギーが蓄積されなければ発生しないので，その分，小さな地震に比べてその頻度は下がります．宮城県沖の日本海溝では，概ね 40 年に1 度 M8 クラスの大地震が発生してきましたが，M9 クラスは 500 ～ 1,000 年に 1度といわれています．こうした低頻度な現象は大災害であったとしても，再来までに何百，何千年と経過する間に，人々の記憶から薄れ，伝え聞く人も少なくなり，書物等の形あるものはなくなり，継承されにくいという性質をもっています．有史以前の大地震は，人が残した記録がないので，主に地形・地質調査を通して

明らかにされています．その手法は，前述の変動地形や断層変位地形を頼りにしながら，どの時代の地形や地層がどれくらい変位しているのか，同じタイミングでずれ動いた範囲はどこまでか，津波によって内陸にもたらされた海の堆積物はどこまで分布しているかなど，過去の地震の記録を地表からあるいは地下から探るものです．しかし，地形や地層は，地表にさらされている期間が長いほど侵食によって，あるいは私たちの開発の手によって失われてしまいます．それは過去の地震の記録が消失してしまうことを意味します．さらに，いつの時代の地層であるのかを推定する年代決定方法の精度にも限界があります．

　変動地形が知られている場所は，今後も地震活動による変動を受ける可能性が高いことは明らかですが，そのなかには再来間隔が不明な断層があります．日本のどこかに，まだ発見されていない活断層が潜んでいる可能性もあります．そのため，日本に暮らしている限り，どこでもいつでも大きなゆれには遭遇する可能性があるという心づもりと，日常的な備え・対策が大切です．

4. 変動帯「日本」における暮らし

　日本人は火山や地震の脅威にさらされてきましたが，何千年も命をつないでまいりました．それはそのような脅威の要因と結果から得られる恩恵を享受し，火山や地震とうまく付き合ってきたことを表します．以下では，特に，火山や地震の恩恵に注目して述べていきます．

1）火山の恩恵

　火山は人が認知できる最大スケールの凸地形ともいえ，故に富士山のように古来より神聖なものとして人々の信仰を集めてきました．女人禁制のしきたりもあり，関東平野では代替登山が可能な富士塚も多数築造されました（中島 2008）．図 4-14 は，駿河湾上空から，東に富士山，身延山地，静岡平野を望んだ写真です．富士市の海岸一帯は田子の浦と呼ばれ，葛飾北斎の冨嶽三十六景や安藤広重の富士三十六景に描かれた景勝地です．手前には，天女が舞い降り羽衣をかけたという老松「羽衣の松」のある砂嘴の三保の松原も見えています．

　この富士山と三保の松原が，「富士山―信仰の対象と芸術の源泉」として 2013 年に世界文化遺産に登録されたことは記憶に新しいことと思います（文化庁

66

図 4-14　南西からみた富士山と裾野

HP）．富士山の山麓には，その山体を取り巻くように浅間神社が分布します．神社には手水舎があり池が付随することがしばしばみられます．それは火山山麓に地形の遷緩線ができやすく，火山砕屑物や溶岩の亀裂を通過した地下水が湧出しやすいことと関係がありそうです．この山麓の湧水は恒温かつ清澄で水量変動が少ないことから，神社や集落以外に各種産業にも活用されてきました．

　このほかに福島県の磐梯山周辺では，山体崩壊による流れ山分布域の鞍部に水が湧き，大小の湖沼が誕生しました．これらは水生植物やイオンの影響により色彩変化豊かな五色沼湖沼群となり，多くの観光客を集めています．また，熊本県の阿蘇外輪山の縁部では湧水が多く，熊本市では生活用水の多くがこの地下水で賄われ，その隣町の嘉島町でもこの地下水に支えられたビールなどの飲料関連の工場も立地しています．図 4-15 は 2016 年熊本地震で被災した益城町の家屋でみられた井戸水が自噴する状況です．この井戸水は震災直後に被災者の心の支えとなりました．宮崎県の霧島山麓では出の山湧水（小林市）があり，そこにチョウザメやニジマスの養殖技術などの研究開発を行う水産試験場が設置されています．このように火山山麓の湧水は，神聖な火山への信仰心を育むのみならず，私たちの暮らしを多方面で支える水を供給し続けています．

図 4-15　井戸水が自噴する熊本県益城町の家屋

　また，「水」に関連して，温泉も火山から受ける恵みの一つに挙げられます．火山では地盤の構造的弱線にそって噴火口が直線的に配列する傾向があります．この弱線に沿ってマグマをはじめ熱水が通過していくのですが，その熱水は温泉に利用されることが日本では多いとされています．ただ弱線では元来岩が破砕されやすいうえに，熱水が岩を強く風化させるため，地形が不安定となり地すべりおよび斜面崩壊という地形変化を起こしやすくなっています．鹿児島と宮崎の県境をなす霧島連山では北西（NW）- 南東（SE）方向と北東（NE）- 南西（SW）方向の火口配列や谷によるリニアメント（線状模様）を判読できます．うち NE-SW 方向のリニアメント南西端にある霧島温泉郷は，多くの観光客を集めており，幕末には坂本龍馬夫妻も訪れました．図 4-16 は霧島連山の高千穂の峰南西部にある霧島温泉郷の地図です．そこは標高域約 500 〜 900 m の急傾斜地で，NE から SW に流れる水系が深い谷を刻み起伏が激しいところです．そこに多くの温泉が湧出しています．たとえば林田温泉や丸尾温泉（図 4-17）の建物が比較的平坦な地すべり土塊に設置され，その背後に急傾斜の滑落崖があります．つまり全体では滑落崖と地すべり土塊が NE-SW 方向に繰り返される階段状構造の地形場が霧島温泉郷となっているのです．

68

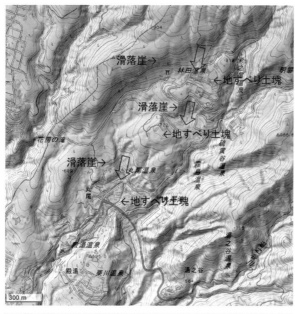

図 4-16 霧島温泉郷付近
の陰影図
作図には地理院地図を使用.

図 4-17 霧島温泉郷
（丸尾温泉）

2）地震の恩恵

　地震活動では，火山のように秀麗な地形をつくることはまれですが，断層運動
が繰り返され，屏風のような荘厳な山々をみせてくれることがあります．NHK
番組ブラタモリでは「嵐山はなぜ美しい」という謎を解く鍵が「へり」にあると
紹介されました．このへりこそ断層運動によって形成された崖地形（断層崖）だっ
たわけですが，名刹・天龍寺の庭園では，前景に池を配置し，中景に断層崖，後
景に嵐山とする借景に断層が利用されているとのことで，室町時代から続く日本

人の美意識に断層崖も関係していることには感慨深いものがあります.

　また，1回の断層運動で隆起する地盤は，日本の陸地で知られているところで
も最大約6mですが，何百万年という長い期間にわたってプレート間地震や内陸
地震は繰り返し発生してきました. それは0.5mm／年程度の隆起速度だとしても，
約200万年前には内湾～浅海だったところが標高1,000mの山に隆起するほどの
変動となります. 実際に，日本各地には新第三紀末～第四紀前半の沿岸～浅海域
の地層が山地や丘陵の頂部に残されています. 成長した山地は，今や隆起速度と
同じくらいの速度で削剥や侵食を受けて土砂を生産しています. じつは火山も山
の一つであるので，土砂生産の場といえます. 生産された土砂は，谷や河川を通
じて下流へと運ばれ凹みを埋積し，平坦地をつくることに寄与しています. この
ように地殻変動によって，私たちの生活基盤たる大地の骨格ができているのです.

　活断層とのよい一致という視点では，私たちの生活において非常に重要な存在
である「道」も該当します. 図4-18は若狭湾から京都を結ぶ道を記したものです.
古くより日本の政治・文化の中心は京都で，それ故，京都には日本各地からの産

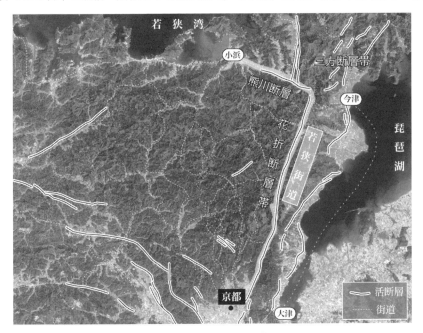

図 4-18　活断層と街道

物が集まってきました．舟運も盛んでしたが，陸路で運ばれるものもありました．そのうち，最も盛んに利用された道は，小浜から熊川を経由して朽木村を通り，京都の出町柳に至る「若狭街道」です．この街道は直線性が高く，荷馬車も通れたといわれていますが，図4-18で示されるように，花折断層や熊川断層に沿った街道であることがわかります．花折断層は，長期間活動を繰り返してきた活断層で，その運動に伴って形成された断層破砕帯は侵食されやすい性質で谷が形成されやすく，この朽木谷もまさに，花折断層の活動によって形成された断層破砕帯に沿って形成された谷です．つまり，人にとって行き交いが容易な直線谷が断層運動の結果として形成され，それを活かした街道のおかげで，ほどよい塩加減になった鯖を京都に届けることができたのでしょう．図4-19aは山崎断層と中国自動車道，図4-19bは石鎚断層と松山自動車道です．このように道と活断層との位置関係をみていくと，時代が異なるものの，私たち日本人は利便性や経済性を考えた先に断層運動によってできた地形をうまく利用して道をつくってきたと言えるのではないでしょうか．高速道路や鉄道が活断層を横切るという状況は好ましいことではありません．しかし，日本の国土で利便性の高い交通網の敷設を，活断層を外して建設することは現実的ではなく，ジレンマにさいなまれます．活

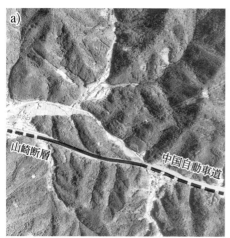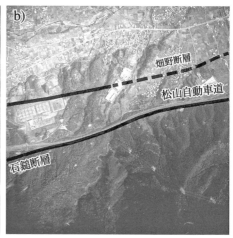

図4-19　活断層と高速道路

a) 山崎断層と中国自動車道，b) 石鎚断層（中央構造線断層帯）と松山自動車道．
図中の黒太線は活断層の位置（破線部分は位置不明瞭な箇所）を示す．

断層とうまく付き合っていくには，活断層で発生する地震像をとらえたうえで，もし，活断層が動いてもすぐに再建・復旧が可能な状態を保つことが大切です．皆さんも，その一歩として，自分の住む街にすでに知られている活断層がないか確認してみましょう．

文献

磯 望・黒木貴一 2017. 2011 年霧島新燃岳噴火後の谷壁斜面における降下テフラ移動と谷床地形変化. 地形 38: 27-40.

NHK「ブラタモリ」制作班 2017.『ブラタモリ 7 京都（嵐山・伏見）志摩 伊勢（伊勢神宮・お伊勢参り）』KADOKAWA.

楮原京子・今泉俊文・宮内崇裕・佐藤比呂志・内田拓馬・越後智雄・石山達也・松多信尚・岡田真介・池田安隆・戸田 茂・越谷 信・野田 賢・加藤 一・野田克也・三輪敦志・黒澤英樹・小坂英輝・野原 壯 2006. 横手盆地東縁断層帯・千屋断層の形成過程と千屋丘陵の活構造. 地学雑誌 115: 691-714.

黒木貴一 1995. 岩木山北麓の火山麓扇状地. 季刊地理学 47: 285-301.

宍倉正展 2001. 完新世最高位旧汀線高度分布からみた房総半島の地殻変動. 活断層・古地震研究報告 1: 273-285.

宍倉正展・行谷佑一・小野尚哉・神田広信 2014. 房総半島南部見物海岸における精密地形測量と ^{14}C 年代測定. 活断層・古地震研究報告 14: 1-38.

鈴木隆介 1969. 日本における成層火山体の侵食速度. 火山第 2 集 14: 133-147.

鈴木隆介 2012.『建設技術者のための地形図読図入門 第 4 巻　火山・変動地形と応用読図』古今書院.

高橋正樹・小林哲夫 1998.『北海道の火山』築地書館.

中島義一 2008. 富士塚の諸相. 駒沢地理 44: 1-12.

中田節也・渡辺秀文 2000. 有珠山 2000 年噴火. 東京大学地震研究所広報 29: 2-4.

中田 高・今泉俊文編 2002.『活断層詳細デジタルマップ』東京大学出版会.

中村一明・守屋以智雄・松田時彦 1995.『日本の自然 1　火山と地震の国』岩波書店.

文化庁 HP: 富士山 - 信仰の対象と芸術の源泉（平成 25 年記載）.http://www.bunka.go.jp/seisaku/bunkazai/shokai/sekai_isan/ichiran/fujisan.html（最終閲覧日：2018 年 4 月 3 日）

文部科学省 2018. 高等学校学習指導要領.http://www.mext.go.jp/component/a_menu/education/micro_detail/__icsFiles/afieldfile/2018/04/24/1384661_6_1.pdf（最終閲覧日：2018 年 7 月 3 日）

陸地測量部 1926. 関東震災地一帯に於ける土地の隆起及沈下状態. 東京帝國大學地震研究所彙報 1: 65-68.

あとがき

　本書の企画は，2017 年の日本地理学会春季学術大会の会場（筑波大学）での雑談から始まりました．前年の 2016 年に，藤本・西城も編者となって刊行した『微地形学—人と自然をつなぐ鍵—』の大学テキスト版を作ってみてはどうかという話が出たのです．聞けば，『微地形学』は生態学・林学・土壌学などの隣接分野や応用工学系の方々にも注目され，なかなかの売れ行きとのこと．実際，3 月刊行の初版は年内に完売し，12 月に重版することができました．だとすれば，『微地形学』を平易化した大学用テキストがあると，より広い層に地形学の意義，とくに微地形への着目の重要性を訴えることができるだろうと考えたわけです．

　そこで読者層としては，「専門として地理学を深く学ぶことはなく，在学中に履修する地理学関係の授業科目は，一般教養の地理学または自然地理学くらいの大学生」を想定することとし，そのような学生向けのテキストを目指して，各著者に執筆をお願いしました．また半期 15 時間分のシラバスを想定し，「1 時間目：○○」，「2 時間目：□□」のように形式・分量を整え，それぞれに演習問題を入れるなどの案も立てました．

　ただ実際に書き進めてみた結果，そのようなかたちにはなりませんでした．まず微地形だけに限定しては書きにくいということから，「『微地形学』のテキスト版」という位置づけは割と早々に断念せざるを得ませんでした．内容も本全体としては半期 15 時間分程度を目安としつつも，それぞれを章や節として独立させるような構成にはしませんでした．最終的には，当初の構想からだいぶ方向性がずれてしまった感もないではありません．

　しかし，「地理学を専門としない大学生」を想定読者層にするという基本線は堅持したつもりです．小手先芸といわれてしまうかもしれませんが，言葉使いもなるべく平易な方がよかろうと，たとえば第 2 章では，「海成段丘」「河成段丘」ではなく，あえて「海岸段丘」「河岸段丘」という通俗的用語を採用しました．地形発達史などを理解するうえで欠かせない，第四紀の気候変動・海水準変動・地殻変動などについての説明も，軽めにしてあります．そして，何より本質的な

こととして，「人と自然をつなぐ」という理念において『微地形学』との一貫性を保つよう心がけました．

　まえがきでも述べた通り，あらゆる地域や人の暮らしは地形の上に展開しています．地形と無関係に暮らしている人は，地球上にただの1人だっていないのです．そんな地形に眼を向けることで，一見地形とは関係のなさそうな地域の環境や土地の特色がみえてくるといった体験は，地理学の醍醐味のひとつといってよいでしょう．地理学を専門としない大学生に，そんな思いを味わってもらうことができれば，本書刊行の目的はひとまず達せられると考えています．

　しかしながら，一方で，本書の役割は，以上のような意味での地理学の魅力を語ることだけではないとの思いも強くあります．たとえば第1章では，低地における近年の洪水被害増大の背景として，浸水しやすい後背湿地上での宅地開発があることを指摘しました．これと似たようなことは，低地以外でもみられます．たとえば，世間的にも注目を集めた事例として，2014年8月に発生した広島市北部の土石流災害を挙げることができるでしょう．この災害では，山すその沖積錐（土石流扇状地）上に開発された住宅地が被害を受けました．土石流自体は豪雨に伴って発生したものですが，そもそも沖積錐上が住宅地として開発されていなければ，あれほどの災害にはならなかったに違いありません．この土石流災害について報告した池田（2015）は，「あたかも人間が，いずれ土石流災害に襲われるであろう地域に次々と進出しているようにさえ見える」と述べています．毎年のように日本列島で発生するさまざまな災害事例を検討すると，残念ながら，こうした事例が特殊なものではないことに気づかされます．

　暮らしやそれを取り巻く環境を地形でとらえていこうとした時，人や社会のあり方には，地形の合理的利用を図っている部分と，不適切なかかわり方を通して災いを呼び込んでしまっている面とがあることに気づかされます．災害や環境悪化のリスクを減らし，自然の恵みを享受しながらわたしたちが暮らしていくためにも，「地形でとらえる」視点は，ぜひ大切にしていきたいものです．

西城　潔

文献
池田 碩 2015. 広島市北部「土石流災害」からの教訓と警鐘. 地理 60-4：18-25.

74

索　引

76

【著者紹介】

西城 潔　　さいじょう きよし

1962 年宮城県生まれ．東北大学大学院理学研究科博士
後期課程退学，博士(理学)．東北大学理学部助手を経て，
現在宮城教育大学教育学部教授．専門は地形学，環境地
理学，環境教育．主な著書は『地理教育の今日的課題』(ナ
カニシヤ出版，2007 年，分担執筆)，『拡大 EU とニュー
リージョン』(原書房，2012 年，分担執筆)，『微地形学
－人と自然をつなぐ鍵－』(古今書院，2016 年，共編著)．15 年ほど前から，田畑付
きの家で農作業と里山仕事を楽しみ (というより，それらに追われ) ながら暮らして
いる．また大学の授業や小学校への出前授業で，身近な木質バイオマスを活用した炭
焼き活動も行っている．まえがき，序章，第 3 章，あとがき執筆．

藤本 潔　　ふじもと きよし

1961 年宮崎県生まれ．東北大学大学院理学研究科博士
後期課程修了，理学博士．農林水産省森林総合研究所
を経て，現在南山大学総合政策学部教授．専門は地形学，
地生態学，環境地理学．主な著書は『マングローブ―
なりたち・人びと・みらい―』(古今書院，2003 年，共著)，
『Mangrove Management & Conservation: Present & Future』
(United Nations University Press，2004 年，分担執筆)，『River Deltas: Types，Structures
and Ecology』(Nova Science Publishers，2011 年，分担執筆)，『微地形学―人と自然を
つなぐ鍵―』(古今書院，2016 年，共編著)．元々の専門は海岸地形学だが，院生時
代に片手間のつもりで足を踏み入れたマングローブ生態系研究がその後の研究の中心
となっている．第 1 章執筆．

黒木 貴一　　くろき たかひと

1965 年宮崎県都城市生まれ．東北大学大学院理学研究
科博士前期課程修了，博士 (理学)．技術士 (応用理学)．
建設省国土地理院，土木研究所，福岡教育大学教育学部
を経て 2020 年から関西大学文学部教授．専門は地形学，
興味関心は応用地質，自然災害，GIS 教育．主な著書は
『新修宗像市史「うみ・やま・かわ―地理・自然―」』(宗
像市，2019 年，分担執筆)，『日本地方地質誌 8「九州・沖縄地方」』(朝倉書店，2010
年，分担執筆)，『微地形学―人と自然をつなぐ鍵―』(古今書院，2016 年，分担執筆)．
20 年間子育てに邁進した九州島を遠望しつつ，大阪吹田で新たな業務に挑戦する毎
日を過ごしている．第 2 章，第 4 章執筆．

小岩 直人　こいわ なおと

1965 年岩手県生まれ．東北大学大学院理学研究科博士後期
課程修了，博士（理学）．富士大学経済学部講師を経て，現
在弘前大学教育学部教授．専門は地形学，自然地理学．主な
著書は『モンスーンアジアのフードと風土』（ナカニシヤ出版，
2012 年，分担執筆），『日本のすがた 8　自然・防災・都市・産業』
（帝国書院，2013 年，監修），『岩木山を科学する』（北方新社，
2014 年，分担執筆）．最近，海岸部でドローンを飛ばし測量
をしながら海釣りのポイントに目を奪われたり，山地内では
沢で地質を少しだけ観察しながら，イワナ釣りや山菜採りに
いそしんだりすることが多くなっている．第 2 章執筆．

楮原 京子　かごはら きょうこ

1980 年鳥取県生まれ．東北大学大学院理学研究科博士後
期課程修了，博士（理学）．日本原子力研究開発機構，産
業技術総合研究所を経て，現在山口大学教育学部准教授．
専門は変動地形学，自然地理学．主な著書は『救援物資輸
送の地理学　被災地へのルートを確保せよ』（ナカニシヤ
出版，2017 年，分担執筆）．2020 年 3 月，オンライン型新
婚生活（別居婚）をスタート．最近，「未成線」という言
葉を知り，鉄道巡りに託けて，路線沿いの地形や植物，自
然と人が織りなす景観を楽しんでいる．第 4 章執筆．

写真は，野外観察の案内やフィールド調査中の著者たち

表紙（カバー内側）の写真：東京郊外，府中市付近の空撮．黒木撮影．
地形を通して地域の環境や人の暮らしをとらえてみよう．

【著 者】

西城　潔　　さいじょう きよし　　宮城教育大学教育学部教授

藤本　潔　　ふじもと きよし　　南山大学総合政策学部教授

黒木 貴一　　くろき たかひと　　関西大学文学部教授

小岩 直人　　こいわ なおと　　弘前大学教育学部教授

楮原 京子　　かごはら きょうこ　　山口大学教育学部准教授

書　名	**地形でとらえる環境と暮らし**
コード	ISBN978-4-7722-5336-9
発行日	2020 年 9 月 16 日　初版 第 1 刷発行 2023 年 8 月 4 日　初版 第 2 刷発行
著　者	西城 潔・藤本 潔・黒木貴一・小岩直人・楮原京子 Copyright ⓒ 2020 Kiyoshi SAIJO, Kiyoshi FUJIMOTO, Takahito KUROKI, Naoto KOIWA, Kyoko KAGOHARA
発行者	株式会社 古今書院　橋本寿資
印刷所	三美印刷 株式会社
製本所	三美印刷 株式会社
発行所	**古今書院**　〒 113-0021 東京都文京区本駒込 5-16-3
TEL/FAX	03-5834-2874 / 03-5834-2875
振　替	00100-8-35340
ホームページ	https://www.kokon.co.jp/　　検印省略・Printed in Japan

KOKON-SHOIN　　https://www.kokon.co.jp/

◆ 微地形学　―人と自然をつなぐ鍵

藤本 潔・宮城豊彦・西城 潔・竹内裕希子 編　【好評重版】　　定価 6380 円（税込）

地表付近での様々な自然環境、たとえば植生・土壌・水環境・微気候などは、「微地形」と密接なかかわりをもちます。その自然環境に左右され、あるいは利用してきたのが人間です。……「微地形」を見る目は様々な自然環境の理解を深めると共に、災害から身を守るために、また将来における人間活動の在り方を考えるうえで欠くことのできないものといえるでしょう。

（「はじめに」より抜粋）

◆ 沖積低地　―土地条件と自然災害リスク

海津正倫 著　【2020 年秋の新刊】　　定価 4400 円（税込）

沖積低地の生い立ち、そこで見られる様々な地形の特徴を知ることで、災害への脆弱性を理解することができる。防災教育にも役立つ、基本的な知識と考え方を紹介。頻発する豪雨災害から身を守るための基本図書。

第二版 はじめての自然地理学

吉田英嗣 著 【好評重版】 定価 2640 円（税込）

高校で地理や地学を学んでいない学生を想定した大学教科書。基本的な自然地理学の
用語・知識・考え方が一本につながるように書かれた読みやすい本。地球のすがたから
身近な地域の現象まで、自然地理学のおもしろさがわかる全 15 章。

1 章 地球のすがた（わたしたちがいるところ） 2 章 地球のなりたち（激動の 46 億年をふりかえる）
3 章 大気のはたらき（身にまとう変幻自在の衣） 4 章 海洋のはたらき（「ザ・ブルー・マーブル」の神秘）
5 章 気候（熱と水にはぐくまれて） 6 章 土壌・植生（因果めぐりて生きものたちは根をおろし）
7 章 地球史における「最近」の自然変動（揺らいでいる環境の実像）
8 章 プレートテクトニクス（ヒビ割れた「ゆで卵」の表面では何が？）
9 章 火山（息吹く地球の熱き鼓動） 10 章 地震（現代社会の底力を問う試金石）
11 章 地殻変動（脈動する大地） 12 章 風化・侵食と地形（飽きることのない景観のなぜをたどって）
13 章 運搬・堆積と地形（移ろう水に惑わされて）
14 章 環境変動と地形発達（シーソーゲームはいつまでも） 15 章 自然にいきる（そのめぐみと厄災と）

◆やさしい気候学 第 4 版

仁科淳司 著 【2019 年の新刊】 定価 2860 円（税込）

気候を軸に、自然環境全般を一般的・包括的に理解できるテキスト。最前線の研究成果
をやさしく解読した筆者オリジナルの図を多数掲載。第 4 版ではカラー図も掲載。

1 章 気候とは 2 章 世界の気温 3 章 世界の気圧・風 4 章 世界の降水量 5 章 世界の気候区分
6 章 日本の気候区分 7 章 変わってきた気候 8 章 異常気象と変わりつつある気候

KOKON フィールドノート

KOKON フィールドノート 黄色　　定価　572 円

野外調査，巡検，整理記録に，
フィールドワーカーの必須アイテム。
中身は 2 ミリ方眼，全 96 ページ。
裏面は写真撮影用の
スケール付きボードとして使えます。

発売から 30 年以上のロングセラー商品！！

KOKON フィールドノート一番人気の「黄色」，普段のメモ帳にも。
野外で目立つので，万が一落とした時にも見つけやすいです。

フィールドノートの名入れオプションをご存じですか？

・フィールドノートの表紙への名入れ（箔押し）ができます。
・1 回のご注文につき 100 冊から承ります。
・名入れ料：1 冊あたり 242 円（100 冊の場合：(572＋242)×100 = 81,400 円）
・箔押しの色：5 種（金・銀・黒・青・赤）より 1 色お選びいただけます。
・箔押しのサイズなどはご相談ください。

学校名（学部名など）を入れて
入学生・卒業生へのプレゼントに！
周年記念行事や式典などの記念品に！
修学旅行や学習旅行に！

詳細は小社 HP をご覧ください。
https://www.kokon.co.jp/